Friedrich Panzer

Deutsche Heldensage im Breisgau

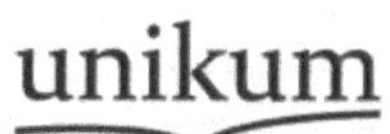

Friedrich Panzer

Deutsche Heldensage im Breisgau

ISBN/EAN: 9783845725239

Erscheinungsjahr: 2012

Erscheinungsort: Bremen, Deutschland

www.unikum-verlag.de | office@unikum-verlag.de

Friedrich Panzer

Deutsche Heldensage im Breisgau

Neujahrsblätter
der
Badischen Historischen Kommission
Neue Folge 7
1904

Deutsche Heldensage im Breisgau

Von

Friedrich Panzer

Heidelberg
Carl Winter's Universitätsbuchhandlung
1904

Vorwort.

Die nachstehenden Ausführungen sind aus einem Vortrage erwachsen, der vor längerer Zeit im hiesigen Verein für Geschichtskunde gehalten wurde. Ich habe mich bestrebt, ihn auch in der erweiterten und vertieften Gestalt, in der er hier erscheint, ohne Voraussetzungen verständlich zu erhalten und nicht in gelehrte Erörterungen sich verlieren zu lassen. Es war das nicht immer leicht, da sich öfters die Notwendigkeit ergab, von den bisherigen Meinungen abweichende Ansichten zu äußern. Hie und da konnten ihnen die Anmerkungen einige Begründung geben, in denen überhaupt aller gelehrte Ballast nach Möglichkeit abgeladen wurde. Nicht für alle Fälle aber bot sich dort der nötige Raum. Ich werde daher über das literarische Verhältnis, in dem die nordischen Quellen zur Ermanrichsage untereinander stehen, ferner über die Frage, wer der Erp der Hamþésmǫl gewesen, endlich über das Lied von Ermanrichs Tod gleichzeitig in einer Fachzeitschrift ausführlicher handeln und dort zu begründen suchen, was sich hier mehr nur in der Form von Behauptungen aussprechen ließ.

Freiburg i. Br., im September 1903.

F. P.

Allmählich haben wir uns satt gesehen an der wunderlich verschobenen Architektur im Innern des Münsters. Auch der gepriesene Hochaltar vermag uns nicht länger zu fesseln. Wir finden mehr Manier als Kunst in seinem unlösbaren Gewirr von Engeln und Wolken, Locken und Falten, in der launisch eingebogenen Fiale, der späte Volkssage erst eine sinnvolle Deutung zu geben sich müht. Nur an die Figuren des Lettners hängt sich noch einmal der scheidende Blick; gerne möchten wir die tiefe Innigkeit, den ruhigen Frieden dieser Gestalten mit uns nehmen.

Noch empfängt uns der schöne Herbsttag mit flutendem Licht, da wir vor die niedrige Brüstung treten, die den steilen Absturz des Breisacher Berges umzirkt. Welch ein Blick von dieser Höhe! Ein festlicher Glanz liegt über dem gesegneten Land, das zu beiden Seiten des Stroms behaglich sich breitet, bis waldige Berge es hüben und drüben lieblich beschränken. Hier führt der Schwarzwald den anmutigen Linienschwung seiner Gipfel den östlichen Horizont hinab, drüben zeichnet der Wasgenwald mit gezackterem Kamm manch verfallene Burg in den Abendhimmel. In der Lücke zwischen beiden aber, wo der Rhein sein Silber gegen uns heraufrollt, gleitet der Blick an den sanften Höhen des Jura weiter gegen Süden und da, plötzlich, in traumhafter Ferne, glitzernd Gipfel an Gipfel! Seid uns gegrüßt, ihr stolzen Berge des sonnigen Hochlands! Wie steigt vor eurem Anblick beseligend frohe Erinnerung auf an manchen sommerlangen Wandertag, dem euer Firnlicht geleuchtet! Nehmt unseren Gruß und leitet ihn weiter in das mittägliche Land zu euren Füßen, wo jetzt die Feigen dunkel werden und schwere Trauben die Luft bis über die blauen Seen hinein mit berauschendem Dufte durchwittern. —

Mählich senkt sich der Abend und das Licht verlischt über der Ferne. Schon rührt der Sonnenball den Saum der Vogesen; noch wirft er mit blutigrotem Schein ein letztes jauchzendes „Unser!"

über das linksrheinische Land und sinkt nun hinab. Ermüdet kehrt sich jetzt erst der Blick auf unsere nächste Umgebung. Steil unten liegt auf ebenem Plane die Stadt, wie ein weihnachtliches Spielzeug vor uns aufgestellt. Wir schauen ihr in alle Gassen, wo der Abendfrieden müde Menschen aus der Werkstatt vor die Häuser versammelt; kein Laut aber dringt von den plaudernden, ruhenden Gruppen zu uns herauf. Nur helle Stimmen spielender Kinder schlagen noch an unser Ohr; sie mögen irgendwo den sorgenlosen Jugendtag mit dem letzten Ringelreihen beschließen.

Zu unsern Füßen schlingt noch der Rhein, wie er das Abendrot in seinen Fluten einfängt, ein feuriges Band durch die stille, düsternde Landschaft. Er biegt hier wunderlich gegen Westen aus und wir erkennen, schärfer zusehend, daß ein langgestreckter Hügel ihn zwängt, der mit steilerem Absturz seltsam und finster fast gerade hinter der Stadt aufragt. Weingärten klettern zu beiden Seiten an ihm hinauf, den Gipfel krönt ein halbverfallenes Mauerviereck, das eine Gruppe dunkler Tannen ernst überragt. Wir fragen nach dem Namen des Hügels und hören ihn „Eckardsberg" nennen. Eckardsberg? So haben wir lange hier gestanden und über der Pracht des Abends vergessen, daß uralte Sage diesen Boden geweiht. Wir erkundigen uns, ob man wohl noch zu erzählen wisse, nach wem der Berg genannt sei, wer da einst gewohnt, was hier in unvordenklichen Zeiten geschehen? Niemand weiß mehr davon zu sagen. Verklungen also dein Ruhm, du Getreuer, den ein Jahrtausend gepriesen, vergessen euer junger Tod, ihr übermütigen Brüder! Wir steigen in Gedanken den Berg hinab in die dunkelnde Stadt und streben weiter, nach Haus. Es verlangt uns die alten Chroniken aufzuschlagen und unterm traulichen Lampenlicht die verschollenen Gestalten um uns zu versammeln, in deren alter Heimat wir heute gestanden.

„Heldenbuch, darinn viel seltzamer Geschichten vnd kurtzweilige Historien, von den großen Helden vnd Rysen, Wie sie so Ritterlichen vmb eines Königs Tochter gestritten haben, Vnd wies jnen zu Wormbs im großen vnd kleinen Rosengarten ergangen ist. Jetztundt durchauß, mit newen Figuren gezieret und in vier vnderschiedliche Bücher abgetheilet, deßgleichen zuvor nie Getruckt ist, &c.": so lautet der Titel eines 1590 bei Sigmund Feyerabend in Frankfurt a. M. gedruckten Buches, das wir zunächst in die Hand nehmen. Es bietet in einem stattlichen Quartbande die vier alten, noch dem 13. Jahrhundert entstammenden Gedichte von Ortnit, Wolfdietrich, dem Rosengarten und König Laurin, die hier in einer modernisierenden Bearbeitung schön gedruckt und mit zahlreichen Holzschnitten geziert noch späte Geschlechter erfreuen sollten. Das Werk steht in seiner Art nicht isoliert. Wir besitzen oder kennen aus dem 15. und 16. Jahrhundert eine ganze Reihe handschriftlicher Sammlungen mittelhochdeutscher Gedichte, die sich wie unser Buch gerne als „Heldenbuch", auch wohl Recken- oder Riesenbuch bezeichnen.[1]) Und in der Tat geht auch Feyerabends Werk durch eine Reihe älterer Drucke (Frankfurt a. M. 1560, o. O. 1545, Straßburg 1509, Augsburg 1491 und einen ältesten s. l. a. et typ.[2]), von dem alle späteren Ausgaben sich ableiten) auf eine handschriftliche Sammlung zurück. In einem um 1450 geschriebenen Manuskripte der Straßburger Seminarbibliothek war eine Kopie davon erhalten, die von dem ältesten Drucke wenig abwich.[3])

In dieser Sammlung findet man nun den Gedichten einen Abschnitt in Prosa vorausgeschickt, den die Straßburger Handschrift ausdrücklich als „Vorred zu dem Heldenbuch" bezeichnet.[4]) Ihr Verfasser will den Leser belehren, „wie die heild (Helden) har komen sind", aber auch „wie alle heild ab sind gangen vnd wie sú ein end hant genomen vnd von wem sú geborn sind oder wannen". Er beginnt seine Aufzählung mit Künig Erendelle von Triere, dem Orendel des alten Spielmannsgedichtes; der gilt ihm als „der erste heilt". Mit mangelhafter Disposition schließt sich an eine kurze Skizze seiner Geschichte die Nennung mehrerer Länder und Recken, sodann aber eine Erörterung über Ursprung und Bestimmung der Zwerge, Riesen und Helden, die in dieser Reihenfolge nacheinander erschaffen sein sollen. Darauf folgt eine Aufzählung der hervorragendsten Helden unter Angabe ihrer Genealogie und teilweise ihrer Taten. Und hier[5]) stoßen wir nun auf folgende Bemerkungen: Item ein heiltt hiessz der getruwe Eckhartt von Brisach, von dem geslehtt der Harlinge; der waz ouch diz land in Eilsas vnd in Prisgowe. vnd do kam ein keiser, der hiesz keiser Ermendrich; der selbe hing die Harlunge. dem selben Eckehartt dem wurden enpfoln die jungen Harlunge; do nach slůg er keiser Ementrich zů dode. der selb Eckehartt der sol noch ston vor frowe Fenuz berg, also man seit.»

Was hier nur kurz angedeutet ist, wird etwas weiter ausführlicher wiederholt. Nachdem der Verfasser nämlich die Taten und Geschicke Ortnits und Wolfdietrichs eingehend erzählt und abermals

Genealogien verschiedener Helden und Heldengeschlechter gegeben hat, kommt er zu einer systematischen Erzählung der Schicksale Dietrichs von Bern. Dies gibt ihm Veranlassung, auch den Untergang der Harlunge nochmals genauer zu berichten:

«vnd waz der Bernner», heißt es hier[6]), «salb fird gebruder, der ein hiessz Ementrich, der ander king Harlung, der dirtte Dietter der junge, der erslagen wartt.

Ez ist zu wissend, daz der vor geschriben Ementrich hatte einen marschalg, der sin oberster waz daz land zu besorgend. der waz geheissen der getruwe Sibiche. der hatte gar ein schone wip vnd sú waz ouch gar biderb. vnd die selb die hatte Ementrich zu mal gernne besloffen. vnd er ging ir lange zitt nach vnd sú woltt sin willen nit dûn. do ging Ementrich vnd schickett Sibich gar verre, das er mieste XIJ wochen vsz sin; vnd die wil do fand der keiser einen fund vnd leitt an mit andern frowen, daz sú ein hoff an leittent, vnd hatte ouch bestellet mit ettlichen frowen vnd ouch mit sinen dienern, das sú im hilfen wege sûchen, wie er sú úber keme. also nûn der hoff wartt gemahtt, ez mohtt nit gond; do wartt aber ein hoff gemahtt vnd do noch zwenne: vnd an dem fierden hofe do wartt ein fund gedohtt mit besen wiben, das sú mieste sinen willen dûn, zû Badowe. vnd das mieste sú dûn úber irz herzen willen vnd mit grossem leid vnd also wartt die frowe gar vngemûtt vnd betriebtt eweclich vntz an irn dott. do nûn Sibich ir man er heim kam, do fing die frowe an vnd seitt ym, wie die sach ergangen waz. do sprach ir man: nûn bin ich ie vnd ye gewesen ein biderb getrwe man vnd wartt mir der name geben „der getruwe Sibich": nûn wil ich werden ein vngetruwer man vnd wil werden heißen „der vngetruwe Sibiche". vnd ving do an vnd sprach zu sim heren, keiser Ementtrich, er soltte sins brûder kinden ir land vnder ston vnd soltte in ein slossz nach dem andern angewinen. daz waz daz land in Prisszgowe vnd vmb Brisach. wanne sin bruder Harlung hatte gelossen zwen sien, daz waren zwen starg junge kinge, vnd waz ynnen zu vogette geben ir land zû besorgend vnd zû eim zûhtt meister ein her, der waz ein heild vnd waz genant „der getruwe Eckhartt". der waz gesessen vff einer birge niderwendig Brisach. der was der jungen Harlung zûhtt meister.

also schúckett der keiser nach den jungen Harlungen, sinz brûder kint, vnd hiessz sú erhenken; vnd das beschach. nûn waz vff den dag der getruwe Eckhartt nit doheim by innen vnd waz geritten ein reiß wo hin, das er in ir land besorgette. dar nach enpfand ez Eckartt schier vnd gieng dar vnd befalch vnd besatte alle slossz, das sú nieman sollten inlossen. also reid der getruwe Eckhartt zů dem Bernner in sin land vnd seitte ym die mere. do fůr der Bernner vnd Eckhart in Ementrichz land vnd gewanent ym das slossz an, do er vff sas vnd erslůgen ouch gar fil hundertt heild. do kam der keiser vnd Sibich zu fůsse dar von.»

Noch werden in unserer Vorrede Dietrichs weitere Kämpfe gegen Ementrich erzählt; seine gefangenen Mannen zu lösen muß er zu den Hunnen ins Elend, bis endlich Etzels Beistand ihm sein Reich zurückgewinnt. Darauf bleibt dem Verfasser unserer Vorrede nur noch übrig zu sagen, „wie alle heild ein end namen vnd alle erslagen worden“. Es soll dies teils in einem von Kriemhild angestifteten Kampfe zu Ofen geschehen sein, der hier mit merkwürdigen, vom Nibelungenliede vielfach abweichenden Zügen geschildert wird, teils in einem großen Kampfe vor Bern. Als letzter Held blieb Dietrich übrig, den, als die Seinen alle erschlagen waren, ein Zwerg man weiß nicht wohin geführt hat. Und noch ein anderer scheint ungestorben ein geisterhaftes Dasein fortzuspinnen. „Man meint ouch“, so schließt diese Vorrede, „der getruwe Eckart sú noch vor frowe Venuz berg vnd solle ouch do sin vntz an den jungesten dag“ — „vnd warnet alle“, fügen die Drucke noch hinzu, „die in den berg gan wöllent“.

Da haben wir denn unsere Breisacher Sage und wissen jetzt, nach wem der Eckardsberg seinen Namen trägt. Das Denkmal, aus dem wir Kenntnis von ihr gewonnen haben, ist ja leider ziemlich jung; entstammt es doch schon dem Ausgange jener Periode, die diese Geschichten erst getan und erlebt, dann früh poetisch aus- und umgestaltet und die Jahrhunderte hindurch als edelsten Unterhaltungsstoff genossen hat. Aber es leuchtet doch allenthalben hervor, daß diese Vorrede aus guten alten Quellen geschöpft hat. Teilweise haben wir, wie für die Geschichte Orendels oder Ortnits und Wolfdietrichs noch eben die älteren Gedichte erhalten, die ihre Auszüge umschreiben. Daß aber auch dort, wo die Originale nicht erhalten sind, ja selbst dort, wo ältere Quellen Widersprechendes enthalten, die Angaben der Vorrede kaum je auf willkürlicher Erfindung, sondern wirklich auf alter Sage beruhen, ist beinahe für alle Punkte nachzuweisen.

Dies gilt denn auch für den Abschnitt, der uns hier interessiert.

Kein altdeutsches Gedicht zwar bringt eine zusammenhängende Erzählung der Harlungensage, wie das Heldenbuch sie überliefert. Wohl aber finden wir in der nordischen Sagenliteratur einen ausführlichen Parallelbericht, der ihr Alter und ihre Authentizität bestätigt.

Um die Mitte des 13. Jahrhunderts entstand in Norwegen eine große Sagenkompilation, die um die Persönlichkeit Dietrichs von Bern eine Menge verschiedener Geschichten gruppiert, daher wir sie als Thidrekssaga zu bezeichnen gewohnt sind. Nach ihrer wiederholten Versicherung ist sie aus Erzählungen und Liedern deutscher Männer geschöpft, und in der Tat berührt sich ihre Darstellung vielfach aufs genaueste mit deutscher Überlieferung, wie sie uns in den sog. Volksepen vorliegt. Vielfach aber zeigen sich auch bedeutende Unterschiede zwischen den beiden Überlieferungsreihen. Und gerade darum ist die Saga für uns von besonderem Werte, weil sie mehrfach Erzählungen erhalten hat, die in deutschen Quellen nicht oder doch nicht in der Form oder der Ausführlichkeit des nordischen Denkmals auf uns gekommen sind. Dies gilt denn auch von der Harlungensage, von der uns hier ein noch eingehenderer Bericht als in der Vorrede des Heldenbuchs geboten wird.

Nachdem die Saga die traurige Geschichte des Jarl Iron von Brandinaborg zu Ende erzählt hat, fährt sie in Kapitel 276 ff. folgendermaßen fort[7]):

«Nun sitzt König Erminrik in seinem Reiche. Er ist Oberkönig in Rumaborg und über viele andere große Königreiche und ihm dienen und gehorchen alle Könige und Herzoge südwärts des Gebirges, aber auch weithin anderswo und er ist der größte und mächtigste unter den Königen in dem Teile der Erde, der Europa heißt. Herrschen doch selbst die Kaiser jetzt höchstens bis Bolgaraland und Grikland, aber das Reich des Königs Erminrik geht bis vollends an das Meer, das Adrimar heißt. Und einmal geschieht es, daß König Erminrik seinen Ratgeber, der Sifka heißt, an den Ort schickt, der Sarkastein heißt: er soll dort alle Angelegenheiten des Königs ordnen und Gericht halten und mit ihm viele Ritter und es ist diese Fahrt höchst ehrenvoll. Und nun verfährt Sifka in allen seinen Geschäften so, wie König Erminrik ihm gesagt hat. Zu Hause aber war seine Frau, die Odila hieß; sie war die schönste aller Frauen, die Menschen je gesehen haben. Und nun tritt ein, worauf der König längst gerechnet hat, daß Odila allein in einem Hause weilt und bevor sie sich dessen versieht, kommt König Erminrik allein heimlich dorthin und er sagt ihr, daß er ihre Liebe genießen wolle, worauf er längst gerechnet habe. Sie will das aber durchaus nicht und doch wagt sie nicht, es anders sein zu lassen, als der König will. Und er tut so, wie er sich lange vorgesetzt, daß er bei ihr liegt. Und sie wehrt sich vorher derart, daß ihre Kleider entzwei rissen und es wird ihr hart mitgespielt aus anderem Grunde. Dann geht er fort und sie anderswohin.

Nun kommt Sifka heim und hat seinen Austrag wohl ausgerichtet. Und er geht nun heim in sein Gehöft und sein Haus und trifft seine Gattin Odila. Als sie aber Sifka erblickt, steht sie auf und geht ihm entgegen und jammert und weint bitterlich. Und da sagte Sifka: „Warum weinst du, Frau? Ich dächte, du solltest dich eher freuen, daß ich heim gekommen bin, nicht aber weinen.“ Da antwortet sie: „Das ist eine lange Geschichte, warum ich weine; schuld daran aber ist König Erminrik und seine Bosheit. Es geschah einmal, als du fortgezogen warst, daß ich in meiner kleinen Stube saß und ich nähte dein Seidenhemd. Dorthin aber kam König Erminrik und ehe er von da weg ging, tat er mir eine Schande an, die du ihm niemals mit gleich Üblem wirst vergelten können.“ Und sie sagt ihm alles genau, wie es gegangen ist. Da antwortet Sifka: „Sei stille, Frau, und tue, als ob das nicht geschehen sei. Ich aber will nicht ruhen, bis der König dafür mit mancherlei Schmach gebüßt hat.“ Nun geht Sifka zum König, verneigt sich vor ihm und begrüßt ihn und ist der heiterste von allen. Der König aber nimmt ihn wohl auf und sie beraten nun alles zusammen wie vorher.

Einmal geschieht es, daß sie bei einer Beratung sitzen, König Erminrik und Sifka und seine Räte. Da sagte Sifka zum König: „Herr“, sagt er, „du bist aller Könige mächtigster und größter in der Welt und alle Könige und Fürsten gehorchen Euch und dienen Eurem Reiche mit großen Tributen in allen nördlichen Teilen der Welt. Die einzige Ausnahme macht Osangtrix, König von Vilkinaland, der dir keinerlei Ehre von seinem Reiche erweist. Und das betrübt uns sehr, deine liebsten Freunde; und er ist doch auch nicht mächtiger als diejenigen, welche Euch ehrenvoll dienen. Und diesen Rat möchte ich Euch geben, daß ihr Euren Sohn zu ihm sendet, den wackeren Fridrek, und ihn auffordern lasset, daß er Euch Tribut zahle, zuerst im Guten, schließlich aber mit der Drohung, daß du ein Heer gegen ihn senden wirst. Und rüste seine Fahrt ehrenvoll aus und laß nicht viele

Männer ihn begleiten: das ist des Sendboten Weise, daß sie nicht viele Männer zusammen sein sollen.“ Solches gefällt dem Könige wohl und er will es so geschehen lassen. Und nun ruft er seinen Sohn Fridrek und sagt ihm, wie er seine Fahrt einrichten und welches sein Geschäft sein soll. Und nun rüstet Fridrek seine Fahrt und mit ihm sechs Ritter und sie reiten von da, bis sie zu der Burg kommen, die Vilkinaborg heißt. Diese Burg gehört einem Jarl, der ist ein Mann des Königs Osangtrix. Inzwischen aber hat Sifka einen Mann heimlich und doch schnell ausgesandt und nun kommen die Sendboten Sifkas zu dem Fürsten mit dem Auftrage, der Jarl solle, sobald er der Fahrt des Königssohnes Fridrek inne wird, Leute aussenden, ihn zu erschlagen. Und es ist dieser Jarl ein Verwandter des Sifka. Als nun Fridrek auf die Burg kommt, da kommt ihm der Jarl entgegen und seine Leute und sie erschlagen sie alle sieben und es geht dort mit dem Leben des Fridrek zu Ende, wie Sifka das eingefädelt hat. Als nun König Erminrik das erfährt, da denkt er, das werde das Anstiften des Königs Osangtrix gewesen sein und er werde das angerichtet haben, weil ihm Schatzung abgefordert wurde.

Und wieder einmal gehen sie zu einer Zwiesprache und Beratung, König Erminrik und Sifka, und da sprach Sifka: „Es deucht mir, Herr, daß du keine Schatzung erhalten habest von England und von da solltest du gewiß Schatzung haben und das weiß ich, wenn dein Insiegel dahin kommt, daß der Angeln König es nimmer zu weigern wagt, dir Schatzung zu zahlen. Und da wäre dies mein Rat, daß du jetzt deinen Sohn Reginbald schicktest und mit ihm viele Ritter, und es wird diese Fahrt ihm zu hohem Ruhme gereichen wie euch beiden, mein König. Und den Rat will ich dir geben, daß du seine Fahrt anders ausstatten lassest, als anderen Männern bräuchlich ist, weil dies um die Hälfte weniger Aufwand erfordert und doch um die Hälfte prächtiger aussieht. Zudem können ihn auf solche Art seine Feinde nicht betrügen, wie seinem Bruder geschehen ist. Wenn er aber den Tribut erhält, wie ich annehmen darf, so ist diese Schatzung weit besser auf Schiffen fortzubringen, als wenn Rosse sie tragen sollen. Und diese Seefahrt ist viel leichter ausführbar, als man dir vielleicht gesagt hat.“ Dieser Rat scheint dem König wohl geraten und er will es so geschehen lassen. Und er bescheidet seinen Sohn Reginbald zu sich und sagt ihm, was er geplant hat. Und der bittet seinen Vater Vorkehrungen für seine Reise zu treffen und erklärte alles tun zu wollen, was er wünschte. Nun geht Reginbald dorthin, wo die Schiffe auf einem Flusse liegen und Sifka mit ihm und sie finden dort drei Schiffe. Und da sagt Reginbald, er wolle das beste Fahrzeug haben, das dort sei. Sifka aber erwidert, daß der König das nicht hergeben werde, denn er selbst wolle es haben, wenn er fahren müsse, und er weist ihm das Schiff an, welches das schlechteste war und erklärt, es sei doch reichlich gut für eine nicht zu lange Fahrt. Als aber Reginbald nicht fahren will, wenn er kein gutes Schiff habe, da antwortet Sifka, er werde sich den Zorn seines Vaters zuziehen, wenn er zu ihm zurückkomme, ohne seinen Auftrag ausgerichtet zu haben. Da fährt denn Reginbald ab und hat das schlechteste Schiff und kaum ist er ins Meer hinausgekommen, da überfällt ihn ein so furchtbarer Sturm, daß sein Schiff gänzlich zerschellt und da geht er zu Grunde und alle seine Leute.

Einmal geschieht es, daß König Erminrik auf die Jagd reitet und mit ihm sein jüngster Sohn Samson und sein Rat Sifka. Und Sifka zeigt sich sehr wenig heiter und reitet doch stets neben dem König. Da sprach der König: „Mein lieber Sifka, warum bist du so wenig heiter?" „Herr", sagt der, „mir erscheint das als eine große Schmach, was dein Sohn Samson getan hat, daß er meine Tochter vergewaltigen wollte, die aller Jungfrauen schönste ist. Dafür aber wird mir niemals Genugtuung werden, wenn nicht du selbst, o Herr, sie mir verschaffen willst auf irgend eine Weise." Und da wird der König zornig auf seinen Sohn Samson. Der war wohl herangewachsen, doch noch nicht bei seinen Jahren; er ist der Jüngste von des Königs Söhnen und der Vielversprechendste. Nun reitet König Erminrik an seinen Sohn Samson heran und greift nach ihm in gewaltigem Zorn und packt ihn derart beim Haar, daß er vom Pferde stürzte. Und des Königs Roß stampft mit allen Vieren über den Jungen und der Junge findet so seinen Tod. Und nun reitet der König heim und den nämlichen Abend erfährt der König, daß Reginbald, sein Sohn, ertrunken ist. Und er hat nun alle seine Söhne verloren durch Sifkas Anschläge und er ist nun sehr unfroh.

Nun geschieht das wieder einmal, daß Odila, Sifkas Gattin, mit ihren Dienerinnen zu ihrer Herrin geht, der Gemahlin des Königs Erminrik, und sie sitzen dort und trinken zusammen guten Wein und sind froh. Und Odila erzählt der Königin vieles von

Egard und Aki von Aurlungaland. Und das sagt Odila dabei, daß Egard, wenn er nur könnte, die Königin keineswegs würde schonen wollen und sagt, sie habe ihr das nun mitgeteilt und bittet sie sich vorzusehen. Die Königin aber gerät in großen Zorn und meint, Egard habe schändliche Reden gegen sie getan. Und nun kommt Erminrik dorthin und setzt sich und trinkt mit ihnen. Da sagte Odila: „Nun weht der Wind aus Westen und Süden und schön scheint die Sonne und heiter und zuweilen fällt ein leiser Regen und schön ist's im Osten und Norden. Was anders kommt von da als der junge Egard und sein Bruder Aki? Und wenn das geschieht, da hat keinen Frieden mehr das Tier und der Vogel im Wald und erstaunlich ist's, wie übermütig sie's treiben." Der König schweigt da und antwortet nichts. Darauf erwidert die Königin: „Das soll mich nicht wundern, wenn vor denen nicht Tier noch Vogel Frieden hat, da doch jedesmal, wenn sie zu uns her kommen, unsere Mägde selbst nicht Frieden vor ihnen haben, wenn man sie nur wirtschaften läßt". Und immer noch schweigt König Erminrik und achtet doch sehr genau auf das, was die Frauen sagen. Und es war mit dem König der Mann dorthin gekommen, der Fritila heißt und der Pflegevater Egards und Akis ist. Und abermals sprach die Königin: „Nun ist mir darüber wahrhafte Mitteilung zugetragen, daß ich meiner selbst vor ihnen zu hüten habe, wenn man sie gehen läßt". Da antwortet der König in gewaltigem Zorn: „Wenn du, Königin, keinen Frieden vor ihnen haben sollst, so sollen sie auch keinen Frieden haben vor mir und das will ich schwören, daß ich nimmer dort die zweite Nacht liegen will, wo ich die erste gelegen, bis wir uns begegnen und so hoch sollen sie hangen, daß es keinen Menschen geben soll, der höher hange". Und da antwortet Fritila: „Jetzt muß Egard dafür büßen und sein Bruder Aki, daß Vidga zu König Thidrek von Bern geritten ist und wenn er zu Haus wäre, so sollte wohl, ehe seine Stiefsöhne gehängt wären, mancher Helm gespalten werden und das Haupt müßte ihm folgen und manche Brünne zerschlissen und mancher Schild weich werden und manches Mannes Sohn sollte den andern niemals wieder sehen". Und da antwortet der König: „Keinen Nutzen kann ihnen deine Prahlerei bringen, wenngleich du ihr Pflegevater bist; vielmehr sollen sie nun noch um einiges höher hangen, als ich ihnen vorher zugedacht hatte". Und da sprach Fritila: „Solange ich noch aufrecht stehe und mein Sohn, sollen meine Augen das nicht sehen, daß sie am Galgen hangen". Und darauf geht Fritila zu seinem Roß und reitet so schnell er mag, Tag und Nacht.

Nun läßt König Erminrik seine Hörner blasen und sammelt um sich alle Ritter, und er hat viele Ritter und reitet gegen Egard und seinen Bruder. Und als Fritila eines Tages an den Rhein kommt, springt er mit seinen Leuten von den Rossen und hinaus in den Strom und die Rosse ziehen sie mit sich über den Strom. Trellinborg steht am Ufer des Rheins und in dieser Burg war Egard. Da sieht Egard die Männer schwimmen und erkennt sie; und Egard sprach: „Mein Pflegevater Fritila schwimmt dort und nicht mag er auf den Fährmann warten und daran erkenne ich, daß die höchste Not bei seiner Fahrt ist". Und als nun Fritila über den Strom kommt, gehen Egard und Aki ihm entgegen und fragen, warum er es so eilig habe. Er aber antwortete: „Höchste Not drängt: König Erminrik ist aufgebrochen mit seinem Heer und will euch töten; so rettet euch!" Da antwortet Egard: „Wir werden uns aussöhnen, wenn wir zusammenkommen, und wir dürfen uns nicht fürchten vor unserm Vatersbruder". Und da erzählt Fritila ihnen den ganzen Hergang; sie aber wollen nicht fliehen und besenden ihre Mannen, und dann ziehen sie die Brücke auf vom Graben und wollen die Burg verteidigen. Und nun kommt König Erminrik mit seiner Schar an die Burg. Und bevor er an die Burg heranreitet, ergreift er seine Fahne und reitet, so schnell er kann, an den Graben heran und schießt die Fahnenstange hinein über den Graben. Da sprach Egard: „Herr, wessen gibst du uns Schuld? Warum willst du unsere Burg nehmen?" Da sprach der König: „Wessen immer ich euch Schuld gebe, gewiß sollt ihr beide heute noch am höchsten Baume hangen, den ich finden kann". Aki sprach: „Bevor wir unser Leben lassen, sollst du uns teuer bezahlen und manchen trefflichen Helden verlieren". Darauf beschießen sie einander einige Zeit. Dann läßt König Erminrik Wurfmaschinen aufstellen und dahinein läßt er Feuer legen und darauf läßt er in die Burg werfen, so daß Schloß und Stadt in Flammen aufgehen. Und da redete Fritila und fordert sie auf mit Ehren zu sterben und nicht da drin zu verbrennen. Da gehen sie heraus mit sechzig Mann und kämpfen gegen den König Erminrik, bis auf König Erminriks Seite vierhundert gefallen sind. Dann aber werden die Brüder gefangen und beide aufgehängt. Und so ist es um ihr Leben ergangen, wie Sifka es angelegt hatte. Darauf zieht König Erminrik nach Haus.

Und nun kommt Vidga zurück und findet da seine Burg verbrannt und alle fahrende Habe und seine Frau findet er in einer Bauernhütte und sie weiß ihm zu sagen, wie König Erminrik verfahren ist. Und nun nimmt Vidga alle seine Leute und reitet zu König Thidrek nach Bern und erzählt ihm das Vorgefallene und bittet ihn um seinen Rat, wie er sich dagegen verhalten soll. König Thidrek reitet nun mit Vidga zu König Erminrik und fragt ihn, was das bedeuten solle oder ob Vidga etwas gegen ihn verschuldet habe. Der König aber sagte, das sei nicht der Grund und Vidga sei schuldlos und lädt ihn zu sich und will ihm nun nicht geringere Ehre erweisen als vorher. Und da gibt er ihm die Burg, die Rana heißt, und nun ist Vidga Herr über die Burg. Nun reitet Thidrek nach Haus und es dünkt ihn das ein großes Leid, daß König Erminrik so übel verfährt mit seinen Verwandten.»

Soweit der Bericht der Thidrekssaga. Daß er aus guten alten Quellen sich ableitet, wird durch seine Form schon klar. Liegt doch gerade über der Geschichte vom Untergang der Harlungen deutlich genug die edle Patina hohen Altertums; wunderbar leuchtet hier durch den nordisch kühlen, leichten Erzählerton der Saga die dunkle Pracht, der satte Glanz jahrhundertelanger poetischer Tradition. Den stofflichen Gehalt auf seine Echtheit zu prüfen, bleibt uns zunächst der Vergleich mit der Vorrede des Heldenbuchs und leicht ergibt sich uns hier völlige Übereinstimmung für die Grundzüge der Handlung: König Ermentrich = Erminrik hat seines treuen Ratgebers Sibich = Sifka Hausehre verletzt. Der Geschändete sinnt Rache und veranlaßt den König seine Neffen hängen zu lassen. Deren Pfleg- oder Stiefvater war, während dies geschieht, nicht bei ihnen; heimkehrend erst erfährt er das Geschehene, reitet nun zu Dietrich von Bern und klagt dem sein Leid. Ein Kampf zwischen Dietrich und Ermentrich = Erminrik schließt sich an.

Im einzelnen finden sich freilich eine ganze Reihe von Abweichungen. Hier gilt es nun herauszufinden, auf welcher Seite jeweils das Ursprüngliche liege. Eine generelle Entscheidung der Frage ist nicht möglich. Denn einmal zeigt sich die Erzählung der Thidrekssaga ja weit ausführlicher als der summarische Bericht des Heldenbuches, wird von diesem also vielfach nicht kontrolliert. Im übrigen ist der Bericht des Heldenbuches zwar um zwei Jahrhunderte jünger. Aber es läßt sich sonst beobachten, daß er doch auf gutem Grunde ruht, während andererseits aus Partien der Thidrekssaga, denen deutsche Zeugnisse zur Seite stehen, bekannt genug ist, daß in ihr nicht selten offenbare Entstellungen der echten Sage begegnen. Für uns folgt daraus nur, daß von vornherein das Echte ebensowohl auf dieser wie auf jener Seite liegen kann, wir also Punkt für Punkt durchgehen und jeden für sich entscheiden müssen. In zweifelhaften Fällen kann hier nur die Herbeiziehung weiterer Zeugnisse zum Ziele führen. Zum Glück haben wir nun in Deutschland neben dem Heldenbuche zwar keinen ausführlichen Bericht von unserer Sage, aber doch eine ganze Reihe zum Teil alter Andeutungen und Anspielungen, die uns vielfach fördern werden.

So finden wir eine solche schon in einer Geschichtsquelle aus dem Ende des 10. Jahrhunderts, den sogenannten Quedlinburger Annalen. In ihrem sagendurchsetzten Eingange, der kurz vor 994 aufgezeichnet sein muß, findet sich, nach Erwähnung der Schlacht auf den katalaunischen Feldern, auch folgende Notiz[8]): „Damals herrschte Ermanricus über alle Goten, der verschlagendste in seinen Listen, der freigebigste in seinen Geschenken; nach dem Tode seines einzigen Sohnes Fridericus, den er absichtlich herbeigeführt hatte, ließ er seine Neffen Embrica und Fritla an den Galgen hängen". Wir erhalten hier also Bestätigung des Grundtextes der bisher gefundenen Erzählung: Ermanrich läßt seine Neffen hängen, und Bestätigung des nur von der Thidrekssaga überlieferten Zuges, daß er auch den eigenen Sohn tötet, der hier wie dort Friedrich genannt wird.

Dagegen wollen die Namen sonst nicht zusammenstimmen. Die Quedlinburger Annalen nennen die Neffen Embrica und Fritla, die Sage aber Egard und Aka und Fritila heißt ihr vielmehr deren Pflegevater. Das Heldenbuch dagegen nennt die Neffen Harlunge und ihren Pflegevater Eckehart.

Daß alle die angeführten Namen sagenecht sind, beweist ein angelsächsisches Zeugnis, das uns zeitlich sehr weit zurückführt. Widsíð „Weitwanderer" heißt ein sehr altes angelsächsisches Gedicht in alliterierenden Versen, das mit seinen Erinnerungen teilweise noch in die Zeit zurückreicht, wo die Angelsachsen auf dem Festlande wohnten. Sein Verfasser zählt unter anderm alle die Könige und Helden auf, bei denen er auf seinen Fahrten angeblich eingekehrt ist;

die Genannten sind zumeist wohlbekannte Gestalten aus der germanischen Sage und Geschichte verschiedener Jahrhunderte. Und hier versichert uns nun der fahrende Sänger, daß er auch die 'Herelingas' besucht habe, den 'Emerca' und 'Frídla'; auch 'Sifeca' wird weiterhin genannt.[9])

Hierzu tritt dann das deutsche Gedicht von Biterolf und Dietleib aus dem Anfange des 13. Jahrhunderts, das mehrfach der Harlunge gedenkt, die Brüder Fritele und Imbrecke, ihren Pfleger aber Eckehart benennt.[10]) Der Verfasser dieses Gedichts erweist sich dem nachprüfenden Forscher allenthalben als ein Mann von ausgebreiteter und vorzüglicher Sagenkenntnis; sein Zeugnis fällt also an sich überall schwer ins Gewicht. So finden wir ihn denn auch hier in Übereinstimmung mit den älteren Quellen und es kann sonach kein Zweifel sein: Imbrecke und Fritele sind die authentischen Namen der Harlungen[11]), ihr Pfleger aber heißt Eckehard. In der Thidrekssaga ist also eine völlige Verwirrung der Namen eingetreten, indem Egard und Fritila ihre Stellen getauscht haben.[12]) Der Name des zweiten Harlungen ist ganz verloren; an seiner Stelle finden wir Aka. Mit demselben Namen belegt die Saga auch den Vater der Brüder. Wir dürfen diesen Namen zuversichtlich dem deutschen Hache gleichsetzen, den verschiedene Quellen[13]) als Vater Eckehards, des Pflegers der Harlungen, kennen; wird doch auch in dem nordischen Denkmal der alte Aki mit dem Epitheton Aurlunga trausti, d. h. „Harlungentrost", „Schützer der Harlungen", ausgezeichnet.

Dem Vater der Harlungen geben die Quellen verschiedene Namen[14]), einstimmig aber sind sie darin, daß er Ermanrichs Bruder gewesen. Der einzige Saxo Grammatikus nennt die Jünglinge, gewiß entstellend, Schwestersöhne des Jarmericus. Er läßt nämlich in seiner dänischen Geschichte unter den Königen des Inselreiches auch Jarmericus, den Ermanrich der deutschen Sage, auftreten und erzählt ausführlich seine Geschichte. In früher Jugend ist er mit zwei Schwestern den Feinden seines Vaters Sywardus, den Slaven, in die Hände gefallen. Von den Schwestern wird eine nach Norwegen, die andere nach Deutschland (zur Verheiratung) verkauft. Jarmericus selbst wird bei dem Slavenkönig Ismarus ehrenvoll erzogen. Herangewachsen entflieht er, erwirbt das väterliche Reich und nach mehrfacher Besiegung benachbarter Völker, besonders der Slaven, weitreichende Macht und einen gewaltigen Schatz; endlich auch in der Schwester der hellespontischen Brüder eine ihm angemessene Gattin. Auf den Rat des treulosen Bikko aber läßt er seine Neffen hängen.

„Inzwischen", heißt es da, „erheben die Söhne der Schwester des Jarmericus, die in Deutschland geboren und erzogen waren, im Vertrauen auf den Namen des Großvaters, gegen den Oheim die Waffen, indem, wie sie behaupten, ihnen das Reich so gut gebühre wie jenem. Der König aber zerstörte ihre Befestigungen in Deutschland durch Maschinen und kehrte, nachdem er etliche feste Plätze belagert oder genommen, einige auch dem Erdboden gleichgemacht, mit einem unblutigen Siege nach Haus zurück. Ihm begegnen die Hellespontier, die ihre Schwester zu der bedungenen Vermählung herbeiführen. Nachdem diese gefeiert war, zog er auf Anraten des Bikko abermals nach Deutschland, fing im Kampfe seine Neffen und zögerte nicht, ihnen mit dem Strick das Leben zu rauben. Auch die Vornehmen [aus der Umgebung seiner Neffen] ließ er, nachdem er sie unter dem Vorwande eines Gastmahls versammelt, auf dieselbe Weise umbringen."[14a])

Man sieht, daß die Quellen auch über die Todesart der Harlungen durchaus einig sind: Ermanrich hat seine Neffen hängen lassen.[15]) In den weiteren Details stimmt Saxos Bericht sehr genau zur Erzählung der Thidrekssaga, während das Heldenbuch eine abweichende Version bietet. Nach seiner nur allzuknappen Darstellung („also schückett der keiser nach den jungen Harlungen, sinz brůder kint, vnd hiessz sů erhenken") scheint es, daß Ermanrich nicht nach Breisach zog, sondern vielmehr die Harlungen zu sich lockte; dieselbe Auffassung verrät schon im 13. Jahrhundert eine Anspielung in dem Gedichte von Dietrichs Flucht.[16])

In allen Zeugnissen steht Eckehard zu den Harlungen in nächster Beziehung. Er ist stets in ihrer Umgebung gedacht, als ihr Erzieher, Pfleger und Schützer.[17]) Und zwar gilt er als das Muster eines solchen Hüters und „der getreue" ist sein ständiges Epitheton.[18]) Wenn seinen Schützlingen trotzdem das Leben geraubt wurde, so war das eben nur dadurch möglich, daß Eckehard in dem verhängnisvollen Augenblicke durch einen Zufall abwesend war. Der Getreue war, so haben wir das Heldenbuch erzählen hören, „vff den dag nit doheim by innen vnd waz geritten ein reiß wohin, das er in ir land besorgette. darnach enpfand ez Eckartt schier vnd gieng dar vnd befalch vnd besatte alle sloß" u. s. w. Das heißt also, er kam erst nach geschehener Tat nach Breisach zurück und ritt dann zu Dietrich nach Bern, um ihn zur Rache zu begeistern. Diese Erzählung stimmt im allgemeinen zur Thidrekssaga, nur daß hier der eine Eckehard in zwei Figuren gespalten ist: Fritila, den Pflegevater, und Vidga, den Stiefvater der Harlungen. Der erste weilt fern von den Knaben bei Erminrik in Rom, als die Drohungen gegen sie fallen. In eiligem Ritte erreicht er vor dem Kaiser den Rhein, doch ist seine Warnung vergebens; die Harlungen bleiben in der Burg, die dann von Erminrik erobert wird. Was mit Fritila geschehen sei, erfahren wir nicht. Dagegen kommt nach vollzogener Katastrophe der Stiefvater Vidga zurück[19]), findet die Harlunge tot, ihre Burg zerstört und reitet nun zu Thidrek, der ihn mit Erminrik aussöhnt. Daß hier sekundäre Spaltung vorliegt, duldet keinen Zweifel; Vidga, der deutsche Witege, hatte in der alten Sage nichts mit den Harlungen zu tun. Schon der nichtige Ausgang der ganzen Sache — Vidga wird von Erminrik zur Sühne mit der Burg Rana belehnt — zeigt die späte Erfindung. Auch in der Thidrekssaga schließt an die Erzählung dieser Ereignisse unmittelbar der Bericht von Dietrichs Kämpfen gegen Ermanrich an, ohne daß doch wie im Heldenbuche ein innerer Zusammenhang konstatiert würde.[20]) Vielmehr geht Ermanrich auf abermaligen treulosen Rat Sifkas nun gegen Dietrich vor.

Überhaupt wird von der Rache, die Eckehard genommen, in den Quellen sehr verschieden berichtet. In sich widerspruchsvoll ist schon die Vorrede des Heldenbuchs. An der ersten Stelle (oben S. 7) fanden wir die Angabe, Eckehard habe den Kaiser erschlagen; die spätere ausführliche Erzählung aber stellt die Sache anders dar. Hier reitet der Held vielmehr, wie wir gehört haben, zum Berner; sie fallen dann Ermanrich gemeinsam ins Land, erobern seine Burg, erschlagen viele hundert seiner Helden, aber der Kaiser selbst und Sibich kamen „zu fusse davon".[20a]) Dietrich kämpft nachher noch gegen Ermanrich und verliert sein Land, um es spät wiederzugewinnen. Von einer Beteiligung Eckehards ist nicht weiter die Rede, auch Ermanrichs Tod wird nicht erwähnt.

Augenscheinlich kannte und verwertete der Verfasser des Heldenbuchs zwei verschiedene Versionen, die uns beide auch sonst begegnen. Sparsam sind die Zeugnisse für eine Verfolgung Ermanrichs selbst durch Eckehard. Daß man aber im 13. Jahrhundert schon davon zu erzählen wußte, bestätigt eine Strophe des wilden Alexander, eines oberdeutschen Fahrenden aus der zweiten Hälfte dieses Säkulums. Er beklagt sich, daß er keinen Einlaß finden könne auf der Burg des Markgrafen von Burgau (zwischen Augsburg und Ulm); „das Gesinde“, sagt er, „hielt seinen Herrn so sorgfältig vor mir versperrt, als ob er der König Ermanrich wäre und ich der zornige Eckehard“.[21]) Eine ausführliche Erzählung von Ermanrichs Tod gibt ein niederdeutsches Lied, das wir leider nur in einem Drucke des 16. Jahrhunderts mit sehr schlechtem Texte besitzen[22]); es wird uns weiter unten noch beschäftigen. Hier wird der König von Dietrich von Bern getötet, der ihn selbzwölfst auf seinem eigenen Schlosse aufsucht. Die Namen der elf Begleiter Dietrichs sind heillos entstellt; doch darf man in dem an achter Stelle genannten „Hardenacke mit dem barde“ mit größter Wahrscheinlichkeit unseren Eckehard vermuten.

Andererseits stoßen wir auf Andeutungen, daß Eckehard nach dem Tode der Harlungen Nachstellungen von Ermanrich zu befahren hatte. In der ersten Hälfte des 13. Jahrhunderts nennt der Marner, ein schwäbischer Fahrender, unter den Gegenständen, deren Vortrag das Publikum von ihm verlangt, auch „Eckehards Not“.[23]) Das Gedicht von Alphards Tod hat die merkwürdige Angabe, Eckehard habe nach dem Tode der Harlungen Nachstellungen durch Dietrich von Bern erlitten, der ihn auf Anstiften Ermanrichs „vertreiben“ wollte.[24]) Doch beteiligt sich Eckehard schließlich auch hier an Dietrichs großem Kampfe gegen seinen Oheim, indem er ihm von Breisach aus mit zehntausend Mann zuzieht. In dem Kampfe gegen Ermanrichs Feldherrn Stutenfuchs, der auf dem Wege nach Bern noch nördlich der Alpen stattfindet, tötet er den Gere, in der Entscheidungsschlacht vor Raben erschlägt er tausende und verfolgt insbesondere den Sibich, ohne ihn doch zu töten. Denn Sibich entkommt nach Raben und Eckehard selbst reitet nach der Schlacht nach Breisach zurück.[25])

Daß Eckehards Feindschaft sich vorzüglich gegen den treulosen Berater Ermanrichs gerichtet habe, wissen auch andere Gedichte zu erzählen. In der „Rabenschlacht“ kämpft er ebenfalls auf Dietrichs Seite. Er verfolgt den fliehenden Sibich und fängt ihn auf der Straße. Er droht ihn aufzuhängen, bindet ihn aber zunächst nackt auf sein Roß und führt ihn so durchs Heer.[26]) Was weiter mit dem Gefangenen geschehen sei, wird nicht gesagt. „Dietrichs Flucht“ hat einen ähnlichen Bericht. Hier wird Sibichs Sohn gehängt, während Sibich selbst mit seinem Herrn nach Bologna entflieht. Im übrigen ist Ribstein für ihn eingetreten, der durchweg als Doppelgänger Sibichs auftritt. Er hat mit diesem zusammen gegen die Harlungen wie gegen Dietrich geraten, rät mit ihm zusammen auch Ermanrich zur Flucht. Während aber Sibich wirklich mit dem Kaiser entrinnt, erreitet Eckehard den Ribstein am Graben vor der Stadt und droht ihn aufzuhängen. Vergebens bietet Ribstein reiches Gold als Lösung. Eckehard schlägt ihm unbarmherzig das Haupt ab, bindet den Leichnam aufs Roß und führt ihn Dietrich zu.[27])

Überall fanden wir den Untergang der Harlungen auf das Anstiften Sibichs (bezw. seines Doppelgängers Ribstein) zurückgeführt.[28]) Was ihn zu der treulosen Stellungnahme gegen seinen Herrn bewogen habe, wird in den Quellen verschieden erzählt. Wir haben oben die Angaben des Heldenbuchs und der Thidrekssaga kennen gelernt, wonach er an dem Kaiser Rache nehmen wollte für die Vergewaltigung seines Weibes. Nach Saxo hingegen ist Bikko, der dort ja Sibichs Stelle vertritt, zu Jarmericus gekommen, um seine Brüder zu rächen, die der König ihm getötet hat.

Sibichs „üble Räte" entwickeln sich am systematischsten in der Thidrekssaga. Hier richtet er dem Erminrik erst drei Söhne, dann seine Neffen, die Harlungen, zu Grunde, sodann verhetzt er ihn mit Thidrek und bringt ihm schließlich, da er dem Schwerkranken das Fett ausschneiden läßt, den Tod. Aber diese Konsequenz ist augenscheinlich spät und eben erst eine Folge jener allmählichen Systematisierung unserer Heldensage, der Gruppierung sämtlicher Geschichten um das Verhältnis von Dietrich und Ermanrich, wie sie ja gerade in dem nordischen Denkmal am reinsten durchgeführt ist. Daß Sibich Ermanrichs Tod verschuldet habe, wird durch keine deutsche Quelle bestätigt. Dagegen finden wir auch hier mehrfach die Angabe, die Feindschaft zwischen Dietrich und seinem Oheim sei von Sibich herbeigeführt.[29]) Aber auch das kann wenigstens in dieser Auffassung nicht ursprünglich sein. Schon darum nicht, weil dieser Rat ja dem Ermanrich trotz zeitweiser Niederlagen zum besten ausschlägt; verjagt er doch den Dietrich und gewinnt dessen Reich. Ein „böser" Rat ist es also lediglich vom Standpunkte der späteren Sage, die für Dietrich Partei nimmt. So bleiben für Sibichs Initiative also nur das Verfahren gegen die Harlungen übrig, wovon oben schon die Rede war, und endlich gegen Ermanrichs Söhne.

In diesem Teile ihrer Erzählung wird die Thidrekssaga nur

teilweise durch deutsche Parallelberichte gestützt. Das üble Verfahren gegen den Sohn Fridrek, der zum König von Vilkinaland geschickt und dort erschlagen wird, war auch in Deutschland bekannt. „Dietrichs Flucht" weiß, daß Ermanrich einen Sohn Friderich besaß, den er ins Land der Wilzen treulos in den Tod geschickt hat[30]), und oben S. 17 haben wir schon die Angabe der Quedlinburger Annalen kennen gelernt, daß Ermanrich selbst den Tod seines Sohnes Friedrich herbeigeführt habe. Hier wird zugleich ausdrücklich versichert, daß Friedrich der einzige Sohn Ermanrichs gewesen sei. In der Tat verlautet in der deutschen Überlieferung nirgends etwas von dem Samson oder Reginbald der Thidrekssaga. Die Vorrede des Heldenbuchs spricht zwar von zwei Söhnen des Kaisers, weiß aber doch nur von einem Tatsächliches zu erzählen. Jedenfalls enthält die Geschichte Reginbalds, der auf leckem Schiff durch Sturm untergeht, auch gar nichts Individuelles, das auf alte Sage wiese und so mag dieser isolierte Bericht wohl später Erfindung entsprungen sein.

Auch was die Thidrekssaga von Samson erzählt, ist in dieser Form aller anderen Überlieferung völlig unbekannt. Hier aber zeigt sich klar, daß der Verfasser der Saga nur läuten gehört hat, aber nicht zusammenschlagen. Denn sein Bericht ist augenscheinlich nur eine entstellte Wiedergabe der uralten, weitbekannten Geschichte von dem großen Gotenkönig und der schönen Swanhilde.

Bis ins 6. Jahrhundert reicht hier die Überlieferung zurück; Jordanes, der Geschichtsschreiber der Goten, gibt uns die erste Kunde. Leider bietet gerade diese Stelle an manchen Punkten nicht unerhebliche Schwierigkeiten, doch wird man sie bei sorgfältiger Berücksichtigung von Jordanes Sprachgebrauch folgendermaßen sinngemäß übersetzen dürfen: „Allerdings hatte Hermanaricus, König der Goten, viele Völker besiegt. Aber während er über das Anrücken der Hunnen zu Rate geht, gelingt es dem treulosen Volke der Rosomonen, das ihm damals neben anderen dienstpflichtig war, ihn bei folgender Gelegenheit zu hintergehen. Als der König nämlich ein Weib namens Sunilda aus besagtem Volke wegen des heimtückischen Abfalls ihres Gatten an wilde Pferde binden, und, indem diese nach verschiedenen Richtungen getrieben wurden, hatte zerreißen lassen, verwundeten deren Brüder Sarus und Ammius, den Tod der Schwester rächend, den Hermanaricus mit dem Schwerte in der Seite. An dieser Wunde hinsiechend verkürzte ihm die Hinfälligkeit seines Leibes ein elendes

Leben. Sein Siechtum benutzend fiel der Hunnenkönig Balamber nunmehr die Ostrogoten an, von deren Gemeinschaft die Wesegoten sich bereits infolge gewisser Streitigkeiten, die sie untereinander gehabt, losgelöst hielten. Währenddem starb Hermanaricus sowohl infolge der Schmerzen, die seine Wunde ihm verursachte, als auch weil er den Einfall der Hunnen nicht zu ertragen vermochte, alt und hochbetagt im 110. Jahre seines Lebens. Der glückliche Zufall seines Todes gab den Hunnen die Oberhand über jene Goten, welche, wie oben gesagt, im Osten saßen und Ostrogoten genannt wurden." [31])

Was Jordanes hier vom Ende des Königs Ermanrich erzählt, das wollte er offenbar als authentischen historischen Bericht angesehen wissen, und in der Tat deutet zunächst nichts darauf hin, daß dem nicht wirklich so sein könnte. Allein was hier als geschichtliches Ereignis berichtet wird, das finden wir bei anderen germanischen Stämmen in dichterischer Behandlung sagenhaft reich entfaltet.

Wir müssen freilich abermals in den Norden wandern, um die Sage in ihrer ganzen Ausführlichkeit kennen zu lernen. Denn die deutsche Überlieferung versagt hier noch viel gründlicher, als wir das schon bei der Harlungensage erfahren mußten. Gerade so viel ist übrig geblieben, daß wir noch festzustellen vermögen, unsere Geschichte müsse das ganze Mittelalter hindurch in Deutschland bekannt gewesen sein. Das erste Zeugnis geben wieder die Quedlinburger Annalen, indem sie unter Anastasius verzeichnen: „Ermanaricus, König der Goten, findet, indem die Brüder Hemidus und Serila und Adaccarus, deren Vater er getötet hatte, ihm Hände und Füße abhauen, das wohlverdiente schändliche Ende". [32]) Die Notiz wird von der Würzburger Chronik zu Anfang des 11. Jahrhunderts wörtlich wiederholt. [33]) Gegen ihre sagenhaften Behauptungen über Dietrich von Bern protestiert um die Wende des 11. und 12. Jahrhunderts die sog. Weltchronik Ekkehards. Ihrem Verfasser erscheint es eine Schande, daß nicht bloß Volkssage und Lieder, sondern selbst gewisse Chroniken derartige Fabeleien verzeichneten, die doch durch Jordanes deutlich widerlegt würden. Indem er dann vom Tode Ermanrichs redet, wie der Geschichtsschreiber der Goten ihn erzählt, spricht er auch die Vermutung aus, jener Sarus und Ammius des Jordanes möchten wohl dieselben sein, die vom Volke Sarelo und Hamediech genannt werden. [34]) Wir erhalten also willkommene Nachricht, daß unser Stoff der deutschen Volkssage um diese Zeit noch völlig geläufig war.

In voller Ausbildung hat auch hier in kühlerer Luft und beharrlichem Sinne der Norden bewahrt, was in Deutschland bald verloren ging.

Ums Jahr 1260 etwa wurde in Norwegen als Einleitung zur Ragnarssaga Lodbrokar die sog. Volsungasaga geschrieben. Zum größten Teil aus Liedern geschöpft, von denen uns die Mehrzahl im Codex regius erhalten ist, der die sogenannten Eddalieder überliefert, gibt sie in Prosa eine systematische Darstellung der Nibelungensage. Nachdem die Erzählung bis zum Untergange der Burgunden geführt ist und der grausamen Rache, die Gudrun — die deutsche Kriemhild — an Atli übt, fährt die Saga weiter fort[35]):

Kapitel 39. Gudrun hatte eine Tochter mit Sigurd [d. i. der deutsche Sigfrid], die Svanhild hieß; sie war aller Frauen schönste und hatte scharfe Augen wie ihr Vater, so daß wenige wagten, ihr unter die Brauen zu sehen. Sie übertraf so sehr andere Frauen an Schönheit wie die Sonne die übrigen Gestirne. Gudrun ging einmal an die See und nahm Steine in ihren Busen und ging in die See hinaus und wollte sich den Tod geben. Da hoben und trugen hohe Wogen sie fort über die See und mit deren Hülfe ward sie fortgeführt und kam endlich zur Burg König Jonakrs. Der war ein mächtiger König über zahlreiches Volk. Er nahm Gudrun zur Frau; ihre Kinder waren Hamdir, Sorli und Erp. Svanhild wurde dort aufgezogen.

Kapitel 40. Jormunrek war ein König geheißen, der war gewaltig in jener Zeit; sein Sohn hieß Randver. Der König rief seinen Sohn zu einer Unterredung und sprach: „Du sollst mir eine Gesandtschaft zu König Jonakr ausrichten und mit dir mein Ratgeber, der Bikki heißt; dort wird Svanhild aufgezogen, die Tochter Sigurds, des Fafnirtöters, welche ich die schönste Jungfrau unter der Sonne weiß; die wollte ich am liebsten zur Gattin haben und um sie sollst Du für mich werben". Er sprach: „Es ist meine Schuldigkeit, Herr, daß ich Euch die Gesandtschaft ausrichte". Der König läßt nun ihre Fahrt stattlich ausrüsten.

Sie fuhren sodann, bis sie zu König Jonakr kamen und sahen Svanhild und deuchte ihnen ihre Schönheit groß. Randver verlangte den König zu sprechen und sagte: „König Jormunrek will Euch seine Schwägerschaft anbieten; er hat von Svanhild vernommen und will sie sich zur Gattin erwählen und es ist unwahrscheinlich, daß sie einem mächtigeren Manne vermählt werden könnte, als er ist". Der König sagte, daß das eine würdige Heirat wäre, „und ist er gar berühmt". Gudrun sprach: „Das Glück ist rund und man sollte nicht darauf vertrauen, daß man von ihm nicht im Stiche gelassen wird". Aber durch des Königs Zureden und die scheinbar günstigen Umstände ward dies nun beschlossen und Svanhild begab sich nun zum Schiffe mit ansehnlichem Gefolge und saß auf dem Hinterdeck bei des Königs Sohne. Da sprach Bikki zu Randver: „Recht wäre das, daß Ihr eine so schöne Frau hättet und nicht ein so alter Mann". Dem gefiel das wohl in seinem Herzen und sprach zu ihr mit Freundlichkeit und so eines zum andern.

Sie kamen nun heim ins Land und trafen den König. Bikki sprach: „Das ziemt Dir, Herr, zu wissen, was im Schwange ist, wenn es auch schwer ist, es zu offenbaren. Man will Dich betrügen: Dein Sohn hat Svanhilds volle Liebe erworben und sie ist seine Kebse; laß Du solches nicht ungestraft." Manch üblen Rat hatte er dem König vorher schon gegeben; dieser aber war der schlimmste von allen. Der König folgte seinen vielen bösen Ratschlägen; er sprach und konnte sich nicht halten vor Zorn, daß man den Randver ergreifen und an den Galgen hängen sollte. Und als der zum Galgen geführt ward, da nahm er einen Habicht und rupfte ihm alle Federn aus und sagte, daß man ihn seinem Vater zeigen sollte. Und als der König ihn sah, sprach er: „Da kann man nun sehen, daß ich ihm ganz so der Ehre beraubt scheine wie der Habicht der Federn" und gebot ihn vom Galgen herabzunehmen. Bikki aber hatte unterdes seine Arglist geübt und war er tot.

Weiter sprach Bikki: „Auf niemand hast Du mehr Ursache böse zu sein als auf Svanhild; laß sie mit Schanden sterben". Der König antwortete: „Den Rat wollen' wir annehmen". Danach ward sie gebunden unter dem Burgtor und Rosse auf sie zugetrieben. Als sie aber die Augen aufschlug, da wagten die Rosse nicht sie zu treten. Und als Bikki das sah, da befahl er ihr einen Sack über den Kopf zu ziehen. Und das ward getan und so ließ sie denn ihr Leben.

Kapitel 41. Gudrun vernahm nun den Tod Svanhilds und sprach zu ihren Söhnen: „Was sitzet ihr so ruhig und redet Scherzworte, da doch Jormunrek eure Schwester getötet und unter Roßhufen schmachvoll zertreten hat? Und keineswegs habt ihr gleiche Sinnesart wie Gunnar und Hogni; die würden ihre Blutsfreunde rächen."

Hamdir antwortete: „Wenig lobtest du Gunnar und Hogni, als sie den Sigurd erschlugen und du von seinem Blute gerötet wardst. Und übel war deine Bruderrache, als du deine Söhne tötetest; besser hätten wir alle zusammen König Jormunrek erschlagen können. Doch werden wir deine Vorwürfe nicht ertragen, nachdem wir so sehr aufgereizt sind." Fröhlich ging Gudrun und gab ihnen zu trinken aus großen Bechern. Und darauf gab sie ihnen große und tüchtige Panzer und andere Waffenrüstung. Da sprach Hamdir: „Das wird unser letzter Abschied sein und du wirst die Kunde vernehmen und wirst das Erbmahl rüsten für uns beide und Svanhild". Darauf machten sie sich auf den Weg.

Gudrun aber ging harmerfüllt in ihre Kammer und sprach: „Drei Männern war ich vermählt; zuerst Sigurd, dem Fafnirtöter, der ward verraten und das war mir der größte Kummer. Sodann ward ich dem König Atli gegeben, aber so erbittert war mein Herz gegen ihn, daß ich im Harme unsere beiden Söhne erschlug. Darauf ging ich in die See, allein die Wogen trugen mich ans Land und ward ich nun diesem Könige vermählt. Danach gab ich Svanhild in die Ehe aus dem Lande weg mit großem Gute und das ist mir der schmerzlichste Kummer nach Sigurds Tode, daß sie unter Roßhufen zertreten ward. Doch das erbittert mich am meisten, daß Gunnar in einen Schlangenhof gesetzt ward; das aber ist das härteste, daß Hogni das Herz ausgeschnitten wurde. Und besser wäre es, daß Sigurd mich abholte und ich führe mit ihm. Hier ist nicht Sohn noch Tochter zurückgeblieben mich zu trösten. Gedenke nun, Sigurd, an das, was wir redeten, da wir ein Bette bestiegen, daß du mich besuchen würdest und von Hel aus erwarten." Und damit endete ihre Wehklage.

Kapitel 42. Das ist nun von den Söhnen der Gudrun zu sagen, daß sie ihnen die Rüstungen so hergerichtet hatte, daß kein Eisen sie verletzte; doch hatte sie sie gebeten, den Steinen keinen Schaden zu tun noch anderen großen Dingen und sagte, daß es ihnen zum Verderben gereichen würde, wenn sie nicht so täten.

Und als sie sich auf den Weg gemacht hatten, trafen sie ihren Bruder Erp und fragten, welche Hülfe er ihnen erweisen würde. Er antwortete: „Dieselbe wie Hand der Hand und Fuß dem Fuße". Das schien ihnen nichts zu sein und erschlugen ihn.

Nun zogen sie ihres Weges fürbaß und nicht lange, da strauchelte

Hamdir und streckte die Hand nieder und sprach: „Erp wird wahr gesagt haben; ich würde jetzt fallen, wenn ich mich nicht auf die Hand stützte". Wenig später strauchelte Sorli, stützte sich aber auf einen Fuß und konnte sich aufrechthalten und sprach: „Fallen würde ich, wenn ich mich nicht auf beide Füße stützte". Sie sagten sich nun, daß sie übel getan hätten an Erp, ihrem Bruder.

Sie fuhren nun, bis sie zu König Jormunrek kamen und gingen vor ihn und griffen ihn sogleich an. Hamdir hieb ihm beide Hände ab, Sorli aber beide Füße. Da sprach Hamdir: „Ab würde nun das Haupt sein, wenn unser Bruder Erp lebte, den wir auf dem Wege erschlugen und zu spät haben wir das eingesehen". So heißt es in dem Liede:

Ab wäre das Haupt nun,
Wenn Erp lebte,
Unser streitkühner Bruder,
Den wir auf der Straße erschlugen.

Darin hatten sie das Gebot ihrer Mutter außer acht gelassen, daß sie die Steine beschädigt hatten. Nun drangen die Männer auf sie ein, sie aber wehrten sich gut und mannhaft und fügten manchem Manne Schaden zu; sie selbst verletzte kein Eisen. Da trat ein Mann herein, hochgewachsen und alt, mit einem Auge, und sprach: „Nicht seid ihr kluge Leute, da ihr die Männer nicht zu töten versteht". Der König erwiderte: „Rat du uns, wenn du's vermagst!" Er sprach: „Ihr müßt sie mit Steinen zu Tode werfen". Das ward dann getan; da flogen von allen Seiten Steine auf sie und das brachte ihnen den Tod.»

Die Darstellung der Volsungasaga ist, wie oben schon gesagt wurde, aus Liedern geflossen. Und zwar müssen dieselben ganz so wie in unserer Haupthandschrift der Edda, dem berühmten Codex regius, schon zu einer Sammlung vereinigt gewesen sein, in der die Lieder nicht nur ihrem Inhalt nach angeordnet, sondern auch mehrfach durch prosaische Zwischenstücke zu einem in sich geschlossenen, in der Erzählung fortschreitenden Ganzen verbunden waren. Diese Sammlung war nach Liedern und Prosastücken teilweise mit der im Codex regius erhaltenen identisch, teilweise von ihr verschieden. Das Verhältnis wird gerade durch unseren Fall gut illustriert.

Was im 29. Kapitel der Volsungasaga erzählt wird, das ist bei geringen Abweichungen wörtlich identisch mit dem Prosastücke, das unsere Eddahandschrift hinter den sogenannten Atlamǫl („Erzählung von Atli" d. h. Attila) unter der Überschrift Frá Guþrúno, „Von Gudrun", einfügt.[36]) Im Schlußstücke dieser Prosa sind auch die Grundzüge des Kapitels 40 der Vǫlsungasaga angedeutet; hier hat der Schreiber des Codex regius seine mit der Quelle der Saga identische Vorlage sichtlich stark gekürzt.[37]) Kapitel 41 der Saga ist nun die prosaische Umschreibung eines Liedes, das uns in der Edda-handschrift unter dem Titel Guþrúnarhvǫt, d. h. „Aufreizung der Gudrun" im Originale erhalten ist[38]) und (nach der Übersetzung von H. Gering) folgendermaßen lautet:

Von wehbringendem Wortstreit hört' ich,
von kränkenden Reden, durch Kummer veranlaßt,
wie harten Herzens mit herben Worten
ihre Knaben Gudrun zum Kampfe reizte:

„Was lungert ihr hier, euer Leben verträumend?
Wird zum Ekel euch nicht euer albern Geschwätz?
Jormunrek ließ eure junge Schwester
auf dem Heerwege von Hengsten zertreten,
von schwarzen und weißen schnellen Pferden
und Grauschimmeln auch, die die Goten gezähmt.

„Nicht gleich seid ihr Gunnars Geschlechte,
beherzt nicht so, wie Hogni es war;
ihr suchtet Rache für Swanhilds Tod,
wär' meiner Brüder Mut euch eigen
oder hunnischer Könige Heldenkühnheit."

Da sprach Hamdir, der hochgesinnte:
„Du lobtest minder den Mut Hognis,
als die Schwäger Sigurd vom Schlummer weckten;
dein Bettuch schwamm im Blute des Gatten,
vom Wundentau rot war das weiße Linnen.

Daß du blutig rächtest der Brüder Tod,
war dir selbst zum Unheil: die Söhne erschlugst du;
lebten die kühnen, so könnten wir leicht
vereint an Jormunrek üben die Rache.

Das Heergewand hole der Hunnenfürsten,
zum Mordkampf hast du den Mut uns entflammt."

Zur Lade ging Gudrun lachenden Herzens
und holte der Helden Helme heraus,
auch weite Brünnen zur Wehr den Söhnen;
bald saßen die kühnen Kämpen im Sattel.

Da sprach Hambir, der hochgesinnte:
„Zur Mutter kehrt nie der mutige Speergott,
sein Leben läßt er im Lande der Goten;
dann kannst du uns allen das Erbmahl rüsten
für Swanhild und auch für die Söhne dein".

Weinend ging Gudrun, Gjukis Tochter,
vorm Tore ließ sie traurig sich nieder;
von Zähren benetzt, erzählte die Fürstin
die Leiden all, die das Leben ihr brachte:

„Drei Feuer sah ich, drei flammende Herde,
drei Herrschern ward ich ins Haus geführt;
doch Sigurd allein besaß mein Herz,
dessen Leben mir raubten die leiblichen Brüder.

„Der Leiden schwerstes erlitt ich da,
Doch noch mehr der Drangsal erdulden mußt' ich,
Da die Edlinge mich mit Atli vermählten.

„Ich rief heimlich die raschen Knaben;
nur dadurch löscht' ich den Durst nach Rache,
daß den Kindern ich die Köpfe abschnitt.

„Ich ging zum Strande, ergrimmt auf die Nornen,
ihrem Zorne mich zu entziehen dacht' ich;
statt mich zu ertränken, trug mich die Woge,
ich watet' ans Land, mußt' weiter leben.

„Das Bett eines Königs — Beßres erhofft' ich —
bestieg ich duldend zum dritten Male;
Kinder gebar ich, künftige Erben,
künftige Erben dem kühnen Jonakr.

„Es saßen die Mägde zu Swanhilds Füßen,
die ich inniger liebte als alle Kinder;
so hat mir Swanhild den Saal erhellt
wie der Sonne Strahl, die den Segen spendet.

„Ich schenkte ihr Gold und schimmernde Stoffe,
eh' ich sie fortgab ins Volk der Goten;
das ist mir der herbste Harm gewesen,
daß das blonde Haar des blühenden Weibes
die knirschenden Rosse im Kot zertraten.

„Doch der bitterste der, als im Bett die Mörder,
des Sieges beraubt, den Sigurd erschlugen;
der grimmigste der, als Gunnar damals
den bunten Schlangen zur Beute ward.

„Und der heftigste der, als das Herz man ausschnitt
bei lebendem Leib dem erlauchten Helden;
des Unheils gedenk' ich . . . . .
. . . .

„Aufs schwarze Steitroß schwinge dich, Sigurd,
hierher lenke den hurtigen Renner;
ich besitze nicht Tochter, noch Sohnes Gattin,
die Gudruns Herz durch Gaben erfreue.

„Erinnre dich, Sigurd, was einst wir sprachen,
als wir beide beisammen im Bette saßen:
von Hel verhießest du heimzukehren,
ich, Fürst, versprach, dir zu folgen im Tod.

„Nun schichtet, ihr Jarle, den Scheiterhaufen,
laßt hoch ihn ragen zum Himmel empor;
Feuer verzehre das fluchbeladne,
geängstigte Herz und ende mein Leid."

Heitrer werde der Helden Sinn,
leichter den Frauen die lastende Sorge,
die lauschend hörten das Lied der Klage.

Dies Gedicht[39]) gehört nach Ton, Sprache und Stil zu den jüngsten Eddaliedern; es ist schwerlich vor Anfang des 11. Jahrhunderts und gewiß nicht in Norwegen, sondern wohl auf Island oder in Grönland entstanden. Sein alter Titel paßt eigentlich nur zum ersten Teile (Str. 1—8), wo Gudrun wirklich ihre Söhne zur Rache „reizt"; der längere zweite Teil (Str. 9—21) wäre eigentlich als Guþrúnargrátr „Klage der Gudrun" zu bezeichnen, wie wir einen inhaltlich ähnlichen Oddrúnargrátr „Klage der Oddrun" tatsächlich besitzen. In der seltsamen Apostrophe Sigurds am Schlusse scheint gar ein ursprünglich nicht hierhergehöriges Bruchstück eines anderen Liedes angeschweißt, das Gudrun am Scheiterhaufen Sigurds zeigte. Mehrere Verse und Strophen hat die Guþrúnarhvǫt mit den gleich zu nennenden Hamþésmǫl gemeinsam, wobei sicher Entlehnung auf ihrer Seite vorliegt.

Der Inhalt des Kapitels 42 der Vǫlsungasaga findet seine Entsprechung nämlich abermals in einem Liede des Codex regius, eben den sogenannten Hamþésmǫl, d. h. „Erzählung von Hamdir". Sie sind zweifellos älter als die Guþrúnarhvǫt — man setzt ihre Entstehung in die Mitte des 10. Jahrhunderts —, leider aber ist ihre Überlieferung außerordentlich schlecht. Das Gedicht ist augenscheinlich künstlich aus Bruchstücken von zwei ursprünglich selbständigen Liedern zusammengesetzt, die schon durch verschiedene Strophenform sich voneinander abheben; dazwischen stehen kleinere Interpolationen. Der Zusammenhang ist infolgedessen mangelhaft und da auch der Text an mehr als einer Stelle schwierig, ja völlig unverständlich ist, so sind einer sagen- und literargeschichtlichen Verwertung des Liedes vielfach Schranken gezogen.[40])

Das Gedicht beginnt wieder mit der Zwiesprache zwischen Gudrun und ihren Söhnen, die von der Mutter zur Rache getrieben werden, sodann wird die Ausführung dieser Rache folgendermaßen erzählt[41]):

Sie gingen vom Hofe vor Grimm schnaubend;
dann ritten die Helden auf hunnischen Rossen
durch bereiftes Gebirge, zu rächen den Mord.

Sie fanden am Wege den Vielgewandten:
„Wie könnte uns beistehen der Braungelockte!"

Antwort gab er drauf, der andrer Mutter entstammt war:
„Wie die Hand der Hand, so helf' ich den Brüdern,
wie der eine Fuß dem andern Fuße".

Hamdir:
„Wie könnte der Fuß dem Fuße helfen,
Die festgewachsene Faust der andern?"

Nur wenige Worte erwiderte Erp,
der stolz auf dem Rücken des Rosses sich wiegte:
„Nicht frommt's, den Weg dem Feigen zu weisen".
Einen Bastard schalten die Brüder den Helden.

Aus der Scheide flogen die Schwerter alsbald,
die funkelnden Klingen zur Freude der Riesin;
sie minderten so ihre Macht um ein Drittel,
indem sie den kühnen Knaben fällten.

Sie schüttelten die Mäntel, machten die Schwerter fest,
die hochgebornen Helden, und hüllten sich in ihr Gewand.

Sie verfolgten ihren Pfad, fanden den Unheilsweg,
sahen der Schwester Stiefsohn durchbohrt am Stamme schweben,
am windgepeitschten Wolfsbaum, im Westen des Gehöftes
von des Kranichs Speise umkrochen — keiner weilte dort gern.

In der Halle war Lärm, die Helden im Bierrausch
hörten das Stampfen der Hengste nicht.
Da stieß ins Horn der beherzte Wächter.

Die Jarle sagten dem Jormunrek,
daß behelmte Männer dem Hofe nahten:
„Auf Rat seid bedacht, die Recken sind nah;
ihr habt tapfern Männern getötet die Schwester".

Da schmunzelte Jormunrek, den Schnurrbart dreht er höhnisch
und strich den Wangenwald, der Wein machte ihn mutig;
er besah seinen blitzenden Schild, schüttelnd das braune Gelock,
und schwenkte in den Händen die Schale von lauterm Gold.

„Ich schätzte mich glücklich, schaut' ich allhier
in der Halle mein Hamdir und Sorli;
ich bände die Burschen mit Bogensehnen
und hängt' an den Galgen Gjukis Enkel."
Im Hause erhob sich Getümmel, die Humpen stürzten herab,
im Blute lagen die Männer, das mit dem Bier sich mischte.

Da sprach Hamdir, der hochgesinnte:
„Du wünschtest, Jormunrek, die Jünglinge zu sehen,
geboren von einer Mutter, im Innern deiner Burg;
Du siehst deine Füße jetzt, du siehst deine Hände auch,
Jormunrek, in des Feuers flammende Glut geworfen".

Da brüllte laut mit Bärenstimme
der König im Harnisch, kundig des Zaubers:
„Ist Jonakrs Brut gegen jeden Speer
und Stahl gefeit, so steinigt die Männer!"

Sorli.

Schlimm war's, Bruder, den Schlauch zu öffnen,
aus dem schon oft sich Unheil ergoß;
kühn ist dein Herz, doch Klugheit fehlt dir;
viel mangelt dem, dem Vorsicht abgeht.

Hamdir.

„Ab wäre das Haupt, wenn Erp noch lebte,
der streitkühne Bruder, den auf der Straße wir fällten,
der ruhmgekrönte Held — uns reizten dazu die Nornen —,
die leidigen hießen mich sein heiliges Leben rauben.

„Brüdern nicht ziemt es, wie bissige Wölfe
zu befehden als Feinde sich selbst,
wie die hungrigen, grauen Hunde der Nornen,
die die wilde Wüste gebar.

„Gefochten haben wir brav, auf gefallenen Goten stehn wir,
die des Eisens Schneide traf, wie Adler auf hohem Zweig;
herrlicher Ruhm ist unser, ob heut oder morgen wir sterben;
niemand erlebt den Abend, wenn der Nornen Spruch erging."

Da sank Sorli an des Saales Giebel,
und Hamdir fiel an des Hauses Rückwand.

Dieser Schlußabschnitt des Liedes trifft, wie man sieht, im allgemeinen mit Kapitel 42 der Vǫlsungasaga zusammen, ja der dort zitierte Halbvers („Ab wäre das Haupt nun“ u. s. w.) findet sich in der Tat in Str. 28 unserer Hamþésmǫl wieder. Im übrigen aber zeigen sich im einzelnen so vielfache Unterschiede in der Erzählung, daß der Bericht der Saga offenbar nicht auf dem uns überlieferten Gedichte beruhen kann, sondern aus einem Parallelliede geflossen sein muß, das wohl mehrere Verse mit den im Codex regius aufgezeichneten Hamþésmǫl gemeinsam hatte.

Aber nicht direkt aus diesem Liede hat die Vǫlsungasaga geschöpft, vielmehr lag ihr nur eine prosaische Umschreibung desselben vor. Das beweist die Snorra Edda. Dies große von dem berühmten Isländer Snorri Sturlason um 1240 angelegte Werk gibt in den sogenannten Skáldskaparmál (d. h. „Erzählung von der Skaldenschaft“) gleichfalls einen Bericht von unserer Sage.[42]) Er stimmt mit Kapitel 39—42 der Vǫlsungasaga vielfach bis in den Wortlaut hinein so genau überein, daß beide augenscheinlich aus derselben Quelle geflossen sein müssen. Daneben stehen allerdings auch einige Abweichungen. So ist bei Snorri die prosaische Umschreibung der Guþrúnarhvǫt als für den Fortgang der Erzählung entbehrlich weggelassen. Die Erzählung von Svanhild ist etwas kürzer und der Bericht von ihrem Ende sogar völlig abweichend. „Es geschah einmal“, heißt es hier, „als König Jormunrek aus dem Walde von der Jagd heimritt mit seinem Gefolge, daß Königin Svanhild bei der Haarbleiche saß; da ritten sie auf sie und traten sie unter den Hufen der Rosse zu Tode.“ Diese Variante wird nicht vom Verfasser des Stücks erfunden sein, denn sie trifft ja mit dem, was die Thidrekssaga von Samsons Ende erzählt, genau zusammen, oben S. 13. In der Erzählung von Hamdirs und Sorlis Rache stimmen Snorra Edda und Vǫlsungasaga gegen die Hamþésmǫl überein und zwar so genau, daß sie aus dem gleichen prosaischen Bericht genommen sein müssen. Deshalb kann also die Vǫlsungasaga, wie oben schon gesagt, nicht direkt aus einem Liede von Hamdir geschöpft haben. Im einzelnen zeigen sich auch hier kleine Abweichungen. Die Snorra Edda weiß nichts von dem Rate der Mutter, die Steine nicht zu beschädigen, und die Brüder töten den Erp aus Rache über das Schelten der Mutter, die diesen Sohn am meisten geliebt hat. Wenn bei Snorri nicht Odin, sondern Jormunrek selbst den Rat gibt, die Brüder zu steinigen, so stimmt das gegen die Vǫlsungasaga zu den Hamþésmǫl.

Für die Angabe aber, daß Jormunrek im Schlafe überfallen wurde, gibt Snorri selbst uns die Quelle an die Hand, indem er die einschlägigen Strophen aus der Ragnarsdrápa Bragis des Alten zitiert. In diesem Gedichte des Vaters und Heros der Skaldenkunst wird ein mit figürlichen Darstellungen geschmückter Schild beschrieben und erläutert, den der Dichter von seinem fürstlichen Gönner erhalten hatte. Eine Szene stellte den Untergang Ermanrichs dar. Aus Bragis Erläuterungen geht hervor, daß der König im Schlafe von den Brüdern überfallen, doch nicht getötet ward, bevor er den Rat zur Steinigung seiner Angreifer gegeben.[43])

Mit diesen vier Quellen aber ist die Überlieferung unserer Sage im Norden noch nicht erschöpft. Denn abgesehen von mehrfachen Anspielungen auf sie bei verschiedenen Skalden, aus denen wir nichts Neues lernen, findet sich ein fünfter eingehender Bericht endlich noch bei Saxo Grammatikus. In der ausführlichen Biographie des Jarmericus im achten Buche seiner Gesta Danorum, die wir oben (S. 18) schon kennen gelernt haben, fehlt auch nicht unsere Sage.[44]) Allerdings zeigt Saxos Bericht vielfache Abweichungen im einzelnen. Auf einer Vikingfahrt soll Jarmericus die vier „hellespontischen Brüder" getroffen und in dreitägiger Seeschlacht bekämpft haben; erst nachdem sie ihre Schwester Swavilda ihm zur Gattin versprochen, habe Jarmericus die Schlacht abgebrochen. Zwischen den beiden oben S. 19 erwähnten Feldzügen gegen die Harlungen wird ihm die Braut überbracht. Alsbald aber beschuldigt Bikko den Broderus, einen Sohn des Königs aus früherer Ehe, eines sträflichen Umgangs mit der Stiefmutter. Jarmericus überläßt es seinen Räten, dem Frevler seine Strafe zu bestimmen. „Die anderen Richter sprachen ihn der Acht schuldig, Bikko aber fällte unbedenklich einen härteren Spruch über sein Leben und erklärte, wer sündhafte Unzucht getrieben, der müsse mit dem Strange büßen. Damit man nicht sagen könne, daß diese Strafe der Grausamkeit des Vaters entspringe, müsse er an dem Stricke hangend von Dienern mit einem daruntergelegten Balken hochgehalten werden; diese würden, wenn sie die ermüdeten Hände dem Werke entzögen, gleichsam den Tod des Jünglings verschulden und durch ihr Vergehen den König frei machen von dem Vorwurfe des Kindesmordes. Außerdem fügte er hinzu, daß der Sohn dem Vater nach dem Leben trachten würde, wenn nicht die Strafe auf die Anklage folgte. Die Ehebrecherin Swavilda aber müsse von Viehhufen zertreten werden, damit sie schimpflich aus dem Leben schiede. Der König folgte dem Bikko und ließ den Sohn mit der Schlinge um den Hals von den Umstehenden mit Hülfe eines Gerüstes hochhalten, damit er nicht erdrosselt werden könnte. So bot der unschädliche Knoten, da die Kehle nicht zusammengepreßt wurde, nur den Schein der Strafe. Die Königin aber wurde fest auf den Erdboden gebunden und sollte durch die Hufe von Rossen zertreten werden. Sie war aber, erzählt die Sage, so schön, daß sogar die Tiere schauderten, die herrlichen Glieder mit ihren schmutzigen Hufen zu zertreten. Der König schloß, daß das ein Beweis sei, der die Unschuld der Königin dartue und beeilte sich, da noch die Reue wegen der Übereilung hinzutrat, die fälschlich mit dem Makel belegte losbinden zu lassen. Da eilte Bikko hinzu und behauptete, auf dem Rücken liegend verscheuche sie die Tiere durch Zaubersprüche und könne nur zertreten werden, wenn man ihr Antlitz zur Erde wende. Er wußte aber sehr wohl, daß ihre Schönheit sie rettete. Als nun der Körper der Königin auf diese Weise hingelegt war, und man die Schar der Rosse herantrieb, zertraten diese den Leib mit ihren wuchtigen Hufen. Das war das Ende der Swavild. Inzwischen ging der Leibhund des Broder den König wie mit Klagen an und schien den Tod seines Herrn zu beweinen, und sein hereingebrachter Habicht fing an, sich die Bauchfedern mit dem Schnabel auszurupfen. Seine Nacktheit deutete der König auf seine Verwaistheit, und um dem bösen Omen die Kraft zu nehmen, schickte er eiligst hin und ließ den Sohn vom Stricke losmachen. An dem federlosen Vogel entnahm er, daß er ohne Kinder sein würde, wenn er nicht vorbeuge. Da so Broder vom Tode erlöst war, eilte Bikko, der für seine Angeberei büßen zu müssen fürchtete, zu den Hellespontiern, um ihnen zu berichten, daß Swavild von ihrem Manne ruchlos getötet sei. Als diese ausfuhren, um ihre Schwester zu rächen, eilte er zu Jarmerik zurück und verriet ihm, daß die Hellespontier ihn angreifen wollten. Der König hielt es für sicherer, sich hinter Mauern zu bergen, als in einer Schlacht zu kämpfen und floh in die Burg, die er sich erbaut hatte. Um eine Belagerung aushalten zu können, füllte er ihre inneren Räume mit Lebensmitteln, die Bollwerke mit Streitern an. Goldglänzende Rund- und Langschilde, ringsum aufgehängt, schmückten den obersten Umgang des Gebäudes. Es traf sich aber, daß die Hellespontier, als sie die Teilung der Beute vornehmen wollten, eine große Menge ihrer Leute des Unterschleifs beschuldigten und niedermetzelten. Weil sie also einen bedeutenden Teil ihrer Mannschaft in innerem Zwiste aufgerieben hatten, meinten sie, die Erstürmung der Königsburg ginge über ihre Kräfte und wandten sich an eine Zauberin, welche Guthruna hieß. Durch ihren Zauber wurden die Vorkämpfer auf der Seite des Königs plötzlich mit Blindheit geschlagen und wandten ihre Waffen gegen sich selbst. Als die Hellespontier das sahen, brachten sie ein Schirmdach heran und besetzten zuerst die Zugänge zu den Toren. Darauf brachen sie die Pforten auf, drangen in die Burg und hieben auf die Reihen der geblendeten Feinde ein. Bei diesem Kampflärm erschien Othin, eilte mitten in den Knäuel der Kämpfenden und gab den Dänen, die er immer mit der Liebe eines Vaters begünstigt hatte, das durch den Zauber genommene Gesicht in seiner früheren Kraft zurück. Er belehrte sie, daß die Hellespontier, die ihre Leiber gegen Waffen mit Zaubersprüchen fest zu machen pflegten, mit Kieselsteinen geschlagen werden müßten. So wurden beide Heerhaufen in wechselseitigem Blutbade aufgerieben. Jarmerik, beider Hände und Füße beraubt, wälzte sich verstümmelten Leibes unter den Leichen. Ihm folgte Broder, weniger tüchtig, in der Herrschaft."

So zeigt sich also Saxos Bericht bei mannigfachen Abweichungen und manchen sichtlichen Entstellungen doch den Erzählungen der Volsungasaga und Snorra Edda aufs nächste verwandt, indem er mit manchen Angaben jener näher steht als dieser. Saxos Quelle kann also von der Vorlage dieser beiden nur wenig verschieden gewesen sein.

Aufs reichste haben wir so in der Überlieferung des Nordens entfaltet gefunden, was bei Jordanes uns noch in den Keim geschlossen begegnet ist. Es ist ja an sich sicher, daß der Stoff durch deutsche Vermittlung von den Goten nach Skandinavien gelangt sein muß; wir finden aber in den Zeugnissen, so selten und dürftig sie in Deutschland sind, noch die ausdrückliche Bestätigung. Überliefern doch, wie wir wissen, die Quedlinburger Annalen bereits, daß dem Ermanrich Hände und Füße abgehauen wurden. Dieser Zug fehlt bei Jordanes, ja er widerspricht seiner ausdrücklichen Angabe, daß der König in der Seite verwundet wurde und noch länger weitergelebt hat. Er kann also nicht schon in gotischer Sage, sondern muß erst in Deutschland sich gebildet haben und von da nach Skandinavien gelangt sein, wo alle Quellen ihn übereinstimmend berichten. Mit Bedauern sehen wir so eine einst reiche Überlieferung in unserem Vaterlande ohne Zeugen verschollen. Einen späten Nachklang von ihr entdeckt ein scharfes Ohr nur noch in dem oben schon genannten niederdeutschen Liede von Ermanrichs Tod. Hier ist zwar dem Dietrich von Bern die Tötung des Kaisers zugeschrieben und die Erzählung sonst stark verändert und entstellt. Das Ursprüngliche läßt sich aber doch noch vielfach erkennen und in zahlreichen Punkten tritt eine so auffällige Übereinstimmung mit den Hamþésmǫl hervor, daß über die Tatsache uralten Zusammenhangs kein Zweifel bestehen kann. Sind die Brüder Sarus und Ammius hier durch Dietrich verdrängt, so ist die Gestalt des dritten, des nordischen Erp, in dem Bloedeliuck des Liedes noch sehr wohl erkennbar; auch wodurch er zu diesem Namen gekommen ist, ließe sich noch recht wohl zeigen.[45])

Damit aber wäre nun endlich der Kreis der Überlieferung umschrieben, der uns für unsere Sage zur Verfügung steht. Falls wirklich ein Leser Geduld genug besessen haben sollte, uns bis hierher zu folgen, so dürfte er wohl zu der Frage berechtigt sein, was denn nun im Grunde der bunte Zug schattenhafter Gestalten zu bedeuten habe, die hier fröhlich und still, kämpfend und leidend an uns vorübergezogen sind. Die Antwort ist zum Teil wenigstens sehr schwer, ja im einzelnen vielfach unmöglich, denn die Überlieferung ist wohl vielgestaltig und bunt, an manchen Orten auch selbst reich und klar, aber in vieler Hinsicht wieder so lückenhaft und springend und gerade in den ältesten Zeugnissen bis zur Unverständlichkeit entstellt, daß eine Deutung nur allzu schwierig erscheinen muß. Aber ein Versuch dazu muß gewagt werden.

Drei Hauptsagen haben wir kennen gelernt, in der Überlieferung vielfach verschlungen und in sich fest verbunden durch die Persönlichkeit Ermanrichs: die Harlungensage, die Friedrichssage, wie wir die Geschichte seiner Söhne einmal kurzweg nennen wollen, die Swanhildsage. Es wird sich empfehlen, bei ihrer Abwicklung den Weg, den wir gekommen, gerade zurückzumachen, indem wir mit dem Versuche einer Deutung der zuletzt erwähnten und behandelten Sage beginnen.

Daß in all den sagen- und märchenhaften Berichten, die wir kennen gelernt haben, geschichtliche Elemente verborgen sind, brauchen wir kaum zu sagen. Insbesondere ist die Persönlichkeit Ermanrichs historisch. Denn dieser Ermenrich, Ementrich, Erminrik, Jormunrek,

Jarmericus oder wie sonst deutsche und nordische Dichtungen ihn nennen, ist ja niemand anders als der geschichtliche König der Ostgoten im 4. Jahrhundert, Hermanaricus, wie Jordanis ihn nennt, oder Airmanareiks, wie sein Name in Wulfilanischem Gotisch lauten würde. Wie weit entspricht nun, was wir von ihm haben erzählen hören, seiner authentischen Geschichte?

Wir kennen den Bericht des Jordanes von Sarus und Ammius. Der Geschichtschreiber erzählt die Tötung der Sunilda, die Verwundung des Königs durch die Brüder und seinen Tod infolge der unheilbaren Wunde und des Einfalls der Hunnen augenscheinlich als historisches Faktum, an dessen Authentizität kein Zweifel besteht. Allein dieser Bericht stimmt nicht genau zu dem, was uns von anderer Seite über das Ende des Gotenkönigs überliefert wird. Ammianus Marcellinus, der als Zeitgenosse und zuverlässigster Berichterstatter von diesen Ereignissen Kunde gibt, erzählt im 31. Buche seines Geschichtswerkes: „Die Hunnen hatten das Gebiet des den Greuthungen benachbarten Halanenstammes, den man Tanaiten nennt, durchstreift, viele getötet und ausgeplündert und den Rest zu einem Bündnis gezwungen. Von diesen unterstützt, brachen sie nun mit um so größerer Kühnheit in die weiten und fruchtbaren Gaue des Ermanrich ein, eines Königs, der wegen vieler Heldentaten bei seinen Nachbarn sehr gefürchtet war. Obgleich ihn der Angriff überraschte, versuchte er doch längere Zeit Widerstand zu leisten. Schließlich jedoch, da er sah, daß dem drohenden Geschick, dessen furchtbare Härte in der Einbildung noch gräßlicher erschien, als es in Wirklichkeit sein mochte, zu entrinnen nicht möglich war, zog er es vor, durch freiwilligen Tod dem Zusammenbruch seines Reiches zuvorzukommen.“ [46])

Hier sind, wie man sieht, Umstände und Veranlassung von Ermanrichs Tod übereinstimmend mit Jordanes, Art und Ursache aber abweichend und wie wir annehmen müssen, glaubwürdiger erzählt.

Freilich könnte, da die Verschiedenheit sich nur auf das Abscheiden des Königs erstreckt, der Bericht des Jordanes von dem Attentate des Sarus und Ammius immer noch bestehen. Er ist ja allerdings lückenhaft. Wir erfahren weder, wer der Vater, noch, was besonders ungünstig, wer der Mann der Sunilda gewesen; alle Versuche, ihn aus späterer Sage erraten zu wollen, beruhen auf haltlosen Kombinationen. Wir hören auch nichts von dem Schicksale der Brüder, aber da ihr

Angriff nicht völlig glückt, Ermanrich nur verwundet, nicht getötet wird, so müssen sie wohl selbst ihren Untergang dabei gefunden haben.

Von diesen Lücken in der Berichterstattung abgesehen, ist das Geschehnis selbst doch wohl motiviert, enthält in sich nicht die mindeste Unwahrscheinlichkeit; nichts hindert uns, es als ein historisches Faktum anzunehmen, das sich recht wohl genau so vollzogen haben könnte, wie Jordanes es erzählt. Da aber der Tod des Königs von dem gotischen Geschichtschreiber, wie eben Ammian beweist, entstellt berichtet, auch was von den Taten und Siegen Ermanrichs erzählt wird, wohl nicht erfunden, aber doch übertrieben scheint, indem der Nachruhm den clarissimus Amalorum erhöht hatte, so ist freilich an sich möglich, daß auch hier schon volkstümliche Tradition einem historischen Kern die ersten Keimblätter sagenhafter Entfaltung entlockt hätte. Jedenfalls aber darf man sagen: es liegt nicht der geringste Grund vor, in dieser Geschichte mythische Elemente zu suchen.

Anders nun freilich in der anschließenden Sage. Übergehen wir zunächst das geänderte Verhältnis, in das der König zu Sunilda = Svanhild gesetzt ist, um unsere Aufmerksamkeit den Brüdern und ihrer Rache zuzuwenden. Welche Veränderungen sind denn in der Sage mit dem Stoffe vor sich gegangen?

Zunächst: Die Namen der Brüder blieben erhalten, wenn auch in leise geänderter Form. Für den Ammius des Jordanes finden wir im Norden Hamþér, in Deutschland Hemidus, Hamidiech; d. h. statt des unkomponierten gotischen Namens finden wir eine Zusammensetzung, die gotisch Hamaþius lauten würde. Der Name ist gebildet aus dem gemeingermanischen Worte hama- „die Hülle" (erhalten in einer Weiterbilduug noch in unserm „Hemd", althochdeutsch hemidi aus hamidi und dem Worte „Leichnam" aus ursprünglichem lîhhin-hamo d. h. „Leibeshülle") und dem gotischen þius, althochdeutsch deo „der Knecht", welchen Wortes Stamm auch unserem „Diener" zu Grunde liegt. Ebenso ist der Name Sarilus der deutschen, der Sǫrli (aus Saruli) der nordischen Sage nur eine Deminutivbildung zu dem Sarus des Jordanes. Er gehört zu einem uns verlorenen gemeingermanischen Substantivum, althochdeutsch saro, gotisch sarwa, das „Rüstung" bedeutete.[47]) Daß diese Namen nicht ohne Beziehung sind zu den unverwundbar machenden Rüstungen, wie sie die nordische Sage ihren Trägern gibt, duldet ja keinen Zweifel. Die Frage ist aber nun immer noch, ob sie denn recht eigentlich „redende"

Namen seien, wenn wir diesen Kunstausdruck der Heraldik hier gebrauchen dürfen, d. h. also Namen, die von dem feststehenden Sagenzuge der unverwundbar machenden Rüstungen aus erfunden sind, oder ob nicht etwa umgekehrt dieser Sagenzug vielmehr aus den überlieferten Namen erst entwickelt ist, was an sich gewiß ebenso möglich und durch Analoga reichlich zu stützen wäre.

Ich halte das letztere für das durchaus Wahrscheinlichere.[47a]) Denn einmal liegt in den übrigen Namen der Sage, soweit sie durchsichtig sind, nichts auf sie selbst Deutendes. Allerdings hat man den Namen der Frau in diesem Sinne zu verwerten gesucht. Das Sunilda des Jordanes wäre gotisch Sônahilds, in welchem Kompositum das erste Glied mit unserem neuhochdeutschen „Sühne" identisch ist.[48]) Man meinte, der Name schon solle die zur Sühne (pro mariti fraudulento discessu) getötete Hild bezeichnen. Diese Deutung ist unerlaubt, ja völlig falsch, weil sie den modernen Begriff des Wortes „Sühne" in den alten Namen hineinträgt. Die Art aber, wie Ermanrich in dem Handel verfährt, ist das gerade Gegenteil dessen, was die alte Sprache (besonders die juristische Sprache) unter Sühne verstand; nicht Sühne, sondern Rache wird von Ermanrich gesucht. Leider ist mit dem Namen der gens Rosomonorum, der Sunhilda und die Brüder entstammen, nichts anzufangen. Die zahlreichen Versuche, ihn zu erklären, haben kein überzeugendes Ergebnis geliefert; wir vermögen ihn nicht zu identifizieren.[49])

Wie dem aber sei, so weiß Jordanes jedenfalls nichts von besonderen Eigenschaften der Brüder. Bei ihm verläuft die Sache durchaus menschlich natürlich, und es ist ja wohl das Gegebene, diesen Charakter des Geschehnisses, den die älteste Quelle ihm zuschreibt, auch für den ursprünglichen zu nehmen. Die Brüder auf Grund ihrer Namen zu Trägern von Rüstungen zu machen, die zauberhaften Schutz gewähren, war jedenfalls eine naheliegende Erfindung. Denn derartige Panzer begegnen auch sonst häufig genug. Insonderheit ist das Motiv der nordischen Überlieferung sehr geläufig; der eine Saxo Grammatikus schon bietet eine ganze Reihe von Beispielen.

Wie unseren Brüdern ihre Mutter, so hat nach Saxo dem Frotho I. die Schwester ein für Eisen undurchdringliches Gewand gegeben, mit dem bekleidet er von keinem Geschoß geschädigt wurde.[50]) Ebenso trägt Hötherus im Kampfe gegen Balderus eine „eisenverachtende Brünne", mit der «nymphae», walkürenartige Jungfrauen, die er im Walde getroffen, ihn beschenkt haben sollen[51]); auch Fridlevus besitzt ein für Eisen undurchdringliches Gewand, das ihn in allen Kämpfen schützt.[52]) Und andere Helden sind, ohne daß sie nur eine Brünne nötig hätten, durch kein Eisen zu verwunden, wie Harald Kampfzahn[53]) oder der Schwedenkönig Siotrugus[54]) oder — das berühmteste Beispiel — der strahlende Balder.[55]) Andere Quellen des Nordens geben noch mehr Belege.[56]) Die Unverwundbarkeit unserer Gudrunsöhne für das Eisen ist also ein geläufiges Motiv.

Den Brüdern nützt sie aber nichts; auf den Rat des sterbenden Königs oder, wie andere Quellen sagen, Odins werden sie mit Steinen beworfen und so getötet. Auch dieser Zug ist sehr wohl erklärbar und auf weit verbreitete Anschauungen zurückzuführen. Am genauesten entspricht ihm Saxos Erzählung von dem oben schon genannten Schwedenkönig Siotrugus: da kein Eisen ihn zu verletzen vermag, erschlägt Gram ihn mit einer hölzernen Keule, an der eine goldene Kugel befestigt ist.[57]) Diese Geschichte war Gegenstand eines Liedes, von dem Saxo eine lateinische Bearbeitung gibt. Statt des Märchenrequisits der goldenen Kugel finden wir in unserer Erzählung einfach Steine und das ist gewiß das Ursprünglichere. Denn es ist eine über die ganze Erde verbreitete Vorstellung, daß Steinigung alles Dämonische störe, jeden Zauber vernichte; F. Liebrecht, in neuerer Zeit B. Schmidt und W. L. Roscher haben dafür ein massenhaftes Material zusammengetragen.[57a]) Allenthalben gilt, um die zusammenfassenden Worte des letztgenannten Forschers hier anzuführen[58]), „die Steinigung als Mittel, einen bösen Dämon unschädlich zu machen oder zu bannen. Man pflegte nicht bloß tolle Hunde, die nach antiker Vorstellung von bösartigen Dämonen besessen waren, sondern überhaupt alle der menschlichen Gemeinschaft im besonderen Maße schädlichen Wesen, namentlich verkappte πονηροὶ δαίμονες, die bald in Menschen-, bald in Tiergestalt erscheinen, durch Steinigung unschädlich zu machen oder zu bannen. So gewinnt die Steinigung den Charakter eines Gegenzaubers oder Gegenfluches, welcher ja auch gegen die Wirkungen des bösen Blicks, des Fluches, ja sogar hie und da gegen den Zorn und Neid der Götter das wirksamste Gegenmittel bildete. Diese Bedeutung des Steinwerfens tritt ganz klar hervor in der heute noch in Griechenland verbreiteten Sitte der symbolischen Steinigung, womit man solche Menschen, die sich an der Gesamtheit schwer versündigt haben, zu treffen, ohne daß sie es merken, zu verfluchen sucht . . . . Genau denselben

Sinn einer Verfluchung und die Bedeutung eines ἀποτρόπαιον hat das symbolische Steinigen auch jetzt noch bei den Mohammedanern und vielfach anderwärts. So wird der Teufel im Koran regelmäßig «der zu Steinigende» genannt, womit die bekannte Sitte der Mekkapilger zusammenhängt, den Teufel im Tale Minâ dreimal an verschiedenen Stellen mit Steinen zu bewerfen. Auch in Deutschland und Skandinavien ist es vielfach Sitte, an Orten, wo etwas Schreckliches vorgefallen ist, namentlich wo jemand erschlagen oder verunglückt ist, Steine abzuwerfen, um sich gegen den an solchen Stätten haftenden Fluch, d. h. gegen den daselbst hausenden bösen Dämon zu sichern." Es ist also vollkommen in der Ordnung, daß die Goten den Waffenzauber der Gudrunsöhne durch Steinigung brechen; war dies doch selbst im wirklichen Leben die Strafe, die gerade den Zauberer und die Zauberin zu treffen pflegte.[59])

Den Rat zur Steinigung hat nach Hamþesmǫl, Bragi und Snorri der König selbst, nach Vǫlsungasaga und Saxo Odin gegeben; was ist das Ursprüngliche? Ich denke wohl ersteres; denn diese Auffassung scheint ja wohl auf dem alten Glauben zu ruhen, daß dem Sterbenden helles Gesicht eigne. Es kommt zweitens eine Erwägung aus dem Zusammenhange unserer Sage selbst dazu: Jormunrek muß den Rat geben, um den Brüdern sinnenfällig die Torheit zu illustrieren, die sie mit der Ermordung Erps begangen haben. Die auch von der Vǫlsungasaga überlieferten Worte: „Ab wäre das Haupt nun, wenn Erp noch lebte u. s. w." erhalten ihre rechte Voraussetzung und Spitze doch nur dann, wenn eben dies Haupt den Brüdern durch seinen Rat verderblich geworden ist.

Wir erkennen nach diesen Überlegungen auch, daß die Angabe der Vǫlsungasaga, die Brüder hätten gegen den Rat ihrer Mutter durch Erps Ermordung die Steine geschädigt, wie sie an sich unklar und wenig sinnreich ist, offenbar sekundär sein muß. Dem Verfasser der Saga war der alte Sinn der Steinigung nicht mehr bekannt; er fühlte darum ein Bedürfnis, sie irgendwie zu motivieren und tat dies nach berühmten Mustern. Denn seine Erfindung schließt sich ja sichtlich an ein sehr verbreitetes Erzählungsmotiv, wonach dem Helden ein unscheinbarer, von ihm verachteter oder beleidigter Gegenstand zum Verderben wird, wie dem Balder die von Frigg ob ihrer Jugend verachtete und nicht mit vereidigte Mistel.[60]) Wir dürfen den Zug ohne weiteres als einen späten Einfall aus der alten Sage entfernen; für sie war die Steinigung als solche durch den rituellen Sinn dieses Aktes völlig ausreichend motiviert.[61]) Daß sie aber eintrat, wird durch die Schuld bewirkt, die die Brüder mit der Ermordung Erps auf sich geladen haben.

Von diesem Bruderzwist steht bei Jordanes nichts. Gewiß ist die Erzählung -- selbst als Sage genommen — ohne ihn sehr wohl denkbar. Der Untergang der Brüder bedurfte an sich keiner Motivierung; sie konnte erst demjenigen notwendig erscheinen, der die Tragik der Weltgeschichte aufzulösen sich berufen fühlte, indem er Schicksal und Schuld als notwendige Korrelate betrachtete. Daß die einzelnen Züge von der Begegnung der Jünglinge dichterische Erfindung sind, ist ja klar. Erp antwortet auf die Frage der Brüder, wie er ihnen helfen wolle, mit dem verbreiteten Sprichworte von der Hülfe, die Hand der Hand und Fuß dem Fuße oder Hand dem Fuße gibt.[62]) Hamdir und Sorli verachten die einfältige Weisheit, um ihre unmittelbare Wahrheit sogleich drastisch genug zum Bewußtsein gebracht zu erhalten und dabei ihren tieferen symbolischen Sinn — zu spät — zu ahnen; auch dies ja eine gar manchen Erzählungen geläufige Formulierung.[63]) Daß dies kleine Geschichtchen auf die Angreifer des Gotenkönigs Ermanrich erst nachträglich übertragen sein kann, beweist zudem ein kleiner Umstand, auf den hinzudeuten wir nicht unterlassen dürfen. Die Probe auf die Wahrheit von Erps Worten durch das Straucheln erst Hamdirs, dann Sorlis setzt voraus, daß die Brüder zu Fuße gehen, während sie nach den kulturellen Verhältnissen auch des 4. Jahrhunderts als vornehme Jünglinge auf dem Wege zu Ermanrich, und wäre er noch so kurz gewesen, selbstverständlich nur reiten konnten, wie sie denn auch selbst in den alten Hamþesmǫl ausdrücklich alle drei als zu Pferde sitzend geschildert werden.[64])

Dies alles bezieht sich aber nur auf Einkleidung und Ausmalung des Bruderzwistes; woher kommt nun dieser selbst? Bei der Beantwortung dieser Frage muß uns der Name des Getöteten ein Führer sein. Die nordische Sage nennt ihn mit vollkommener Übereinstimmung Erp: d. h. er trägt denselben Namen, den einige Eddalieder dem einen Sohne Etzels, den Gudrun ihm geboren hat, geben. Daß dieser Name aus Deutschland nach dem Norden gekommen ist, beweist das Gedicht von Biterolf, in dem der eine Etzelssohn Erpfe genannt wird. Und er ist alt und historisch, denn dieser Erpfe entspricht offenbar dem geschichtlichen Ernac.[65])

Eine genaue Untersuchung könnte denn in der Tat den Nachweis erbringen, daß in unserer Erzählung von dem Bruderzwiste der Gudrunsöhne ein deutlicher Nachklang der geschichtlichen Kämpfe der Etzelsöhne forthallt. Ich muß mir aber versagen, den Beweis dafür hier zu erbringen, da er eine Wanderung durch entlegenere Überlieferungen fordert, als der Geduld des Lesers sich zumuten läßt. Es genüge hier die Andeutung, daß mit dieser Erkenntnis in der Tat alles, was unsere Lieder von Erp und seinen Beziehungen berichten, seine klare Auflösung findet, daß dadurch auch das Motiv der Gudrunarhvot, der „Anreizung Gudruns", sich aufklärt. Vor allem aber wird dadurch festgestellt, daß die Verbindung unserer Sage mit Gudrun entgegen der allgemeinen Anschauung aller Forscher nicht erst in Skandinavien und durch bloße Willkür, sondern bereits in Deutschland auf Grund naheliegender Kombinationen in der lebendigen Überlieferung sich vollzogen hat.

Nachdem wir so Ursprung und Entwicklung der Sage von Hamdir und Sorli klar gelegt haben, bleibt uns noch ein Blick auf Swanhild zu werfen, wie die Sunilda des Jordanes mit einer nur formal verschiedenen, etymologisch identischen Namensform in der nordischen und wie es scheint auch schon in der deutschen Überlieferung genannt wurde.[66])

Wir haben gesehen, daß die Sage auch in den nordischen Quellen noch die Art ihres Todes festgehalten hat, nur daß sie die Frau nicht von Pferden zerreißen, sondern zertreten läßt. Anderweitige Parallelen sichern, daß beides roheren Zeiten geläufige Tötungsarten gewesen sind.[67]) Die nordische Überlieferung hat der Erzählung von dem blutigen Ende der unschuldigen Frau noch einen besonders anmutenden Zug eingefügt. Swanhild kann erst getötet werden, nachdem ein Sack die leuchtende Schönheit ihres Antlitzes verdeckt hat, vor der selbst die Rosse zurückschaudern. Dies Motiv ist wohl aus der Tatsache entwickelt, daß den zur Hinrichtung auf besondere Art Bestimmten im Mittelalter nicht selten ein Sack übergezogen wurde.[68])

Die bedeutendste Veränderung der bei Jordanes vorliegenden Erzählung aber durch die Sage fand darin statt, daß Swanhild zur Gattin oder Braut Ermanrichs gemacht wurde. Wir können uns über diese Umgestaltung kaum wundern; mußte es doch nahe genug liegen, das auffallende Wüten des Königs gegen eine Frau mit dem Cherchez la femme als nächstliegendem Grunde zu motivieren, die späterer Zeit uninteressante und leicht verlorene politische Begründung seines Vorgehens durch eine ewig gültige, rein menschliche zu ersetzen. Also Swanhild wird der Treulosigkeit gegen Ermanrich beschuldigt, und natürlich fälschlich beschuldigt, sobald der Sage einmal der Amaler zu dem wölfischen König geworden war, als der er schon in der ältesten angelsächsischen Überlieferung erscheint. Genauer ward Swanhild nun eines Verhältnisses zu Ermanrichs Sohne bezichtigt, eine Erfindung, die sich an das weitverbreitete, aus vielen Erzählungen bekannte Schema von der Liebe des Stiefsohnes zur Stiefmutter anschließt. Wenn die Sage hier aber Anlehnung gerade an diesen Typus suchte, wonach auch der Sohn noch dem Wüten des Vaters zum Opfer fallen konnte, so mag dabei wohl mitgewirkt haben, daß ihr auch sonst feststand, wie Ermanrich sein eigen Fleisch und Blut vernichtet habe.

Denn nicht bloß seine Neffen, die Harlungen, läßt die Sage ihn morden, sondern auch die eigene Nachkommenschaft. Wir haben oben festgestellt, daß die Dreiheit der Söhne in der Thidrekssaga später Erfindung dringend verdächtig ist, aber Namen und Schicksal des einen Friedrich, den der Vater ins Wilzenland in den Tod schickt, bestätigt auch die deutsche Überlieferung. Die schlichte Einfachheit dieser Angabe läßt ein geschichtliches Faktum als Grundlage vermuten, doch will sich keine überzeugende Anknüpfung ergeben. Die Geschichte kennt als Sohn Ermanrichs nur einen Hunimundus. Er war nach Jordanes ein tüchtiger Kriegsmann, der die Suaven besiegte; hervorragende Schönheit soll ihm geeignet haben, wie Cassiodor bestätigt.[69]) Das stimmt weder zu Randver-Broderus, noch zu Friedrich. Den letzteren hat man gerne mit Friedrich, Sohn des Faba, Königs der Rugier, identifiziert, den Odoaker aus seinem Reiche zu fliehen zwang, indem er den Vater gefangen nahm und später hinrichten ließ.[70]) Aber außer dem Namen ergeben sich auch hier kaum Vergleichungspunkte.

Wie aber steht es denn mit dem Ursprunge derjenigen Sage, von der wir ausgegangen sind, der Geschichte der Harlungen? Haben wir bisher in allem, was wir um Ermanrich gruppiert fanden, wirkliche Geschichte eben nur ins Sagenhafte verändert gefunden, so möchten wir hier wohl auch geneigt sein, nach historischen Anknüpfungspunkten zu suchen. In der Tat hat es nicht an Versuchen gefehlt, solche nachzuweisen.

Von lange her haben die Geschichtsschreiber der Mark Brandenburg gelegentlich des seit dem 12. Jahrhundert bezeugten Harlungenberges bei Brandenburg[71]) die Harlungen als identisch mit den Herulern erklären wollen. Sagenforscher sind ihnen vielfach darin gefolgt. Auch

J. Grimm hat sich in gleichem Sinne ausgesprochen[72]) und in neuester Zeit noch hat die Hypothese einen scharfsinnigen und gelehrten Verteidiger gefunden.[73]) Wir müssen sie trotzdem als verfehlt bezeichnen. Bei Lichte betrachtet vermag sie positiv für sich rein nichts ins Feld zu führen, als daß der geschichtliche Ermanrich nach dem Berichte des Jordanes wirklich die Heruler besiegt hat.[74]) Das aber möchte schwerlich genügen, zumal die Verhältnisse sonst keine Spur von Ähnlichkeit mit unserer Sage zeigen. Jordanes nennt glücklich auch den König der Heruler, Halaricus; weder hier also noch sonst zu irgend einer Zeit sind die Heruler, soweit die Überlieferung reicht, von einem Brüderpaar angeführt worden. Alles, was man sonst zugunsten der angenommenen Identität vorgebracht hat, ist durchaus unhaltbar. Mit besonderem Nachdruck wird der Harlungenberg bei Brandenburg und der im 9. Jahrhundert schon als „alt" bezeugte Name Harilungoberg für Pöchlarn[75]) angeführt; in Gegenden auftauchend, wo wahrscheinlich auch einmal Heruler einige Zeit ansässig gewesen sind[76]), können die Berge angeblich nur nach diesem Volke benannt sein. Und in dem Markgrafen Rüdiger, den die deutsche Sage in Pöchlarn sucht, soll der Herulerkönig Rudolf sich verstecken, der 494 im Kampfe gegen die Langobarden gefallen ist. Diese Identifizierung würde aber für unsere Sage selbst dann noch nichts beweisen, wenn sie überzeugender wäre, als sie tatsächlich ist.[77]) Jedenfalls aber tun die Harlungenberge gerade das Gegenteil von dem dar, was man aus ihnen herauslesen will. Wären sie wirklich nach den Herulern genannt, wie kommt es dann, daß der gleiche Name auch in Landschaften auftaucht, wo nie Heruler gesessen haben[78]), wie kommt es, daß die Berge stets Mons Harlungorum und nie Mons Herulorum heißen[78a]), wie kommt es überhaupt, daß der Name des Volkes sich hartnäckig immer gerade an einen Berg heftet? Eben letzterer Punkt, vom Standpunkte der Herulerhypothese unerklärbar, wird sich uns weiterhin, von einem anderen Standpunkte betrachtet, einleuchtend genug aufklären. Ein sprachlicher Zusammenhang zwischen den Harlungen und Herulern kann aber ja überhaupt nicht bestehen aus dem einfachen Grunde, weil das H- dem Volksnamen hier wie sonst erst von den antiken Schriftstellern vorgesetzt wurde. Ihr wahrer Name lautete germanisch *Erulōz und ganz richtig hat Isidor ihn mit 'domini' übersetzt, denn er gehört zu dem germanischen Worte *erlaz (altsächsisch erl, angelsächsisch eorl, altnordisch jarl „edler Mann, Fürst").

Es ist also nichts mit diesem Versuche einer geschichtlichen Erklärung der Harlungensage. Und in der Tat finden wir in ihr Momente genug, die vollkommen deutlich auf einen mythischen Hintergrund weisen. Zu seiner richtigen Erkenntnis führt uns die Gestalt Eckehards.

In den mittelhochdeutschen Volksepen zwar verrät er kaum irgendwo mythische Qualitäten. Wir haben ihn daraus als Pfleger und Rächer der Harlungen kennen gelernt und bis auf einen gleich noch zu nennenden Punkt geriert er sich dabei nicht anders als sonst rein menschliche Helden. Was ihm im übrigen an Taten angedichtet wird, verrät sich deutlich als willkürliche Erfindung; es ist beinahe selbstverständlich, daß die Gedichte von Biterolf[80]) und dem Rosengarten[81]) auch ihn zum Kampfe gegen die burgundischen Könige aufbieten, wenn einmal die gesamte Heldenschaft vor Worms versammelt werden mußte. Bemerkenswert ist nur, daß ihm ein eigenes Schwert „Gleste" (d. h. Glanz)[82]) und ein besonderes Roß „Rusche" oder „Röschlin" (d. h. „Raschchen", „Renner")[83]) zugewiesen wird.

Reichlichere und interessantere Nachrichten über Eckehard bietet erst die mehr volkstümliche Überlieferung seit dem 15. Jahrhundert.

Reden die älteren deutschen Quellen nur allgemeiner von Eckehards Treue gegen seine Pfleglinge, so haben wir in der Thidrekssaga schon einen Bericht gefunden, daß er sie vor Ermanrichs Nachstellungen zu warnen bedacht war[84]) und gerade als „Warner" erscheint der Held späterhin überall auch in der deutschen Überlieferung.

Zu Anfang des 16. Jahrhunderts verzeichnet Johann Agricola in seiner Sammlung gemeiner (d. h. allgemein verbreiteter) deutscher Sprichwörter die Redensart: „Du bist der trew Eckhart, du warnest yedermann" und gibt dazu folgende geschichtliche Erläuterung[85]): „Die gedechtnuß des trewen Eckharts ist von alten jarn her bei den Teütschen bliben, von wegen seiner erbarn frommkeit. Das buch der Helden sagt, vnd es stimmet mit den gewissen historien, wie Dieterich von Bern gelebt hat zu den zeiten Zenonis vnd Augustuli, im jar nach Christi geburt vngefehrlich CCCCC. Dieser Dieterich, von dem die Teutschen lieder singen, mit seim liebsten diener, dem alten Hiltebrantt hat Odeacrum erwürget zu Rauenna im Lamperter krieg, vnd regiert inn Italien lenger denn dreissig jar. Er hat auch, zubekrefftigen sein reich wider den Keyser, freundtschafft gemacht mit dem König zu Francken, des tochter er zum Ehweib genommen hat, vnd hat allen seinen Fürsten auch weiber gefreiet des Teutschen bluts. Darnach hat er Sicilien vnd Dalmacien gewonnen, vnd mit macht jnnen gehabt, daher das lied erwachsen ist, wie der Berner König Fasolt, Ecken vnd Eberrot erschlagen hat. Denn dise drei waren herren in Sicilien. Vnd [l. Vmb] dise zeit hat auch König Artus gelebt, wie ich an einem andern ort wil sagen. Item König Gybich, des Tochter Grymhild den Rosengarten zůgerichtet hat zu Wormb am Rein, ettwann Burgun geheyssen, in welchem Rosengarten der Berner vil Helden erschlůg in einem Thurnier. Bald nach diser zeit ist gewesen der trew Eckhart, ein Held von Brisach, herr im Elsaß vnd Breißgaw, vom geschlecht der Harlinge. Die weil aber in Lamparten oder Lombardeien die Francken gewaltig worden, griffen sie vmb sich, vnd erschlugen die jungen Harlinge, der Vormund Eckhart was; das thet aber Ermentfrid. Der Eckhardt wolt seinen Herren, der Vormund er was, trewe beweisen, vnd schuff vnd bracht also vil zu wegen, daß er mit anderer Helden hülffe den Ermentfride wider erwürgete, vnd vmb diser that willen, ist er also hoch biß an vnser zeit, lenger denn Tausent jare, gerhümet worden. Vnd er ist auch solches lobs vnd rhůms fast wol wirdig, vnd ich wolt, daß vil Teutscher weren, den man solchs lob mit ehrn möchte nachsagen. Wo findet mann jetzt jemandt, der sich als ein Vormundt frembder kinder also hart anneme? Ja der Vormundt nimpt also vil, daß der achtermund nichts überkompt. Also gar ist trewe vnd frommkeit bei den Teutschen, die zu vnseren zeiten sind, erloschen, daß wenn vnsere vorältern jetzt vom Todt auff stünden, würden sie sich jhrer nachkommen schämen, wie ich denn zuuor auch gesagt habe im Sprüchwort: Es wirdt geschehen, wenn der Teufel von Ach kompt, hab ich meldung gethan, wie der Teuffel, nach dem abfall von der reynen leer des Evangelij, allerley spiegelfechten vnd betrug herfür bracht hat, als mit dem Venusberge vnd Hoselberge. Nun haben die Teutschen inn dem selben betrůg ihres trewen Eckhardts nicht vergessen, von dem sie sagen, er sitze vor dem Venus berge, vnd warne alle leute, sie sollen nicht in den berg gehen. Es ist ein fabel, wie der Thanheuser in Venus berg gewesen sei, vnd hab darnach dem Bapst Vrbano zu Rom gebeicht. Bapst Vrbanus hat einen stecken in der hende gehabt, vnd gesagt: So wenig als der stecken künde grünen, also wenig möge Thanheuser vergebung seiner sünden erlangen vnd selig werden. Da ist Thanheuser verzweifelt vnd wider inn den berg gangen, vnd ist noch darinnen. Bald hernach entpfecht Bapst Vrbanus ein offenbarung, wie er sol dem Thanheuser seine sünde vergeben, denn der stecken begynne zu blüen. Darumb schickte der Bapst auß in alle lande, vnnd ließ den Thanheuser suchen, aber mann konnte ihn nirgendt finden. Dieweil nun der Thanheuser also mit leib vnd seele verdorben ist, sagen die Teutschen, der trewe Eckhart sitze vor dem berge vnd warne die leute, sie sollen nit hinein gehn, es möchte jnen sonst ergehn wie dem Thanheuser."

Ausdrücklich beruft Agricola sich für seine Angaben auf „das Buch der Helden" und wirklich haben wir in dessen Vorrede ja an zwei Stellen die Angabe gefunden, der treue Eckard stehe vor dem Venusberg und solle dort bleiben bis zum jüngsten Tag, und warne alle, die in den Berg gehen wollen. Wir begegnen dieser Vorstellung ungefähr um dieselbe Zeit auch in dem Gedichte „die Möhrin", das der schwäbische Ritter Hermann von Sachsenheim im Jahre 1453 für Pfalzgräfin Mechtild, die bekannte Gönnerin der ersten Renaissancebestrebungen in unserer Literatur, und ihren Bruder Friedrich den Siegreichen von der Pfalz verfaßte. Der Dichter erzählt darin[86]), wie er einst im Walde spazierend, einen Mann angetroffen habe, der „was graw, mit ainem schönen, langen bart, als ob er waer der Eckhart, von dem man sagt, in Venusbergk". Der Alte nimmt den Ritter unter dem Beistande eines Zwerges sogleich gefangen und führt ihn durch die Luft weit weg ins Reich der Frau Venus. Sie verklagt den Dichter wegen Treulosigkeit in ihrem Dienste vor einem Tribunal, dem ihr Gatte, der König Tanhuser — er ist aus Frankenland hierhergekommen — vorsitzt. Der treue Eckhart aber tritt dem Angeklagten als Fürsprech zur Seite und weiß den Handel zu einem guten Ende zu führen.

Hans Sachs hat der gleichen Vorstellung sich bedient in einem seiner ältesten Fastnachtsspiele, „das Hoffgsindt Veneris". Dem Zuge der Liebesgöttin schreitet auch hier der treue Eckard voran. Der „Ernholdt" führt ihn ein mit den Worten:

Nun will ich Euch stellen entgegen
Ein in eim langen, groben Bart,
Der selbig heist der drew Eckart,
Der kumbt her auß dem Venus-perck,
Wirt euch sagen groß Wunderwerck.

Vor dem Zuge der Liebesgöttin schreitend, in deren Gefolge abermals der Donheuser erscheint, tritt nun Eckardt selbst auf und warnt — vergebens — die Vertreter der verschiedensten Stände vor den

Pfeilen der Liebesgöttin. Sie werden alle verwundet und müssen mit in „Fraw Venus berg“.[87])

In der Tat kennt auch das alte Volkslied vom Tannhäuser[88]) den Eckard im Venusberg, freilich ohne ihn direkt zu nennen. Als der Ritter auf dem Abschied beharrt, antwortet ihm Frau Venus:

Danhauser, ir sölt urlob han,
Mein lob das sölt ir preisen,
Und wa ir in dem land umb fart;
Nemt urlob von dem greisen!

Unter „dem Greisen“ haben wir den stets alt, mit weißem Bart gedachten Eckard zu verstehen; wenn das Lied ihn nicht mit Namen nennt, so beweist es nur, wie geläufig jedem Eckards Anwesenheit im Venusberg gewesen sein muß.

Die heftigste Schmähung läßt unser Volkslied den liebessatten Ritter der Göttin ins Angesicht schleudern:

Eur minne ist mir worden leid,
Ich hab in meinem sinne:
Fraw Venus, edle frow so zart,
Ir seind ain teufelinne!

Kein Wunder denn, wenn wir ihren Berg auch als die Hölle bezeichnet, den treuen Eckard statt vor den Venusberg vor die Hölle gesetzt finden.

Aventin spricht in seiner „Bayerischen Chronik“[89]) von „Künig Heccar, dem neunzehenden Künig in Teutschland. Etlich meinen, es sei der treu Herzog Heccard mit dem Pundschuech, den die unbelesnen setzen erst lang nach Christi gepurt in Baiern, so doch derselbigen Zeit herzog Welf in Baiern regirt hat . . . Die Alten haben in für ein Richter under das Tor der Hell gesetzt, der die Leut gewarnet und lernet, wie si sich in der Hell halten sollen; ist noch ein Sprichwort: ‚ich gewarn dich als der treu Heccard‘. Wir haben noch zwei gmeine Sprichwort von dem treuen Heccard und Pundschuech und ein ganze Teutsche Historien mit Reimen und schlecht on Reimen, doch nach poetischer Art und der alten Brauch beschriben.“ Es bleibt uns nur zu bedauern, daß diese noch Aventin bekannte poetische und prosaische Erzählung von Eckehard verloren ist.[90])

Im Venusberge herrscht aber statt der antiken Göttin auch eine deutsche. Nach hessischen Hexenakten zieht Holda mit dem wütenden Heer in den Venusberg, wo sie ihre Wohnung habe[91]), wie ja weitverbreitete Überlieferung Frau Holda oder Holle, die mitteldeutsche Vertreterin der süddeutschen Berchte, ebenso wie die wilde Jagd vielfach in Seelenbergen lokalisiert. Wir dürfen uns daher nicht wundern, unsern Eckard auch vor solchen Bergen sitzend zu finden.

„Hiernechst muß ich auch anführen den Hörselberg", sagt Georg Michael Pfefferkorn 1685 in seiner Geschichte der Landgrafschaft Thüringen, „der zwischen Gotha und Eisenach lieget, von welchem die alten Münche viel gedichtet, und unter andern vorgegeben haben, es gehörte dieser Berg zur Werkstatt des Fege-Feuers, weil die Seelen darinn geqvälet wurden; Wie sie denn auch diesem Ort den Nahmen von dem Höre-Seel gegeben, und darneben erzehlet haben, daß, ob man gleich vor dem grossen Loch desselbigen Berges den Sand des Abends ganz gleich gemachet, man doch des Morgens allerhand Menschen- und Thiere Fußstapffen, so ein- und ausgegangen, angetroffen hätte; Auch daß der Treue-Ekkart, wie ihn die Bauren nennen, mit dem wütenden Heer, vor welchem er der alten Einfalt nach hergehen und die Leute vor Schaden warnen soll, in diesem Berge seine Residenz und Wohnung habe, wie dann auch daher das darbey liegende Dorf Settelstädt, so-viel als Satan-städt, heissen soll." [92])

So schildert schon ein Gedicht über den Hörselberg vom Jahre 1592 den treuen Eckart, der an seinem Eingange sitzt:

„Wenn du nu kommen bist hinein
Und meinst du seyst da gar allein,
Bald siehestu zu der linken stan
Ein grossen, grawen alten Man,
Den man den trewen Eckhard nent.
An seiner kleidung Jhn man kent.
Der ist altfrenckisch, vnbekandt,
Ein Scepter tregt Er in der handt.
Der dir bald winkt, dich vnterricht,
Was für gefahr vnd grausam geschicht
Dir kommen werden vntter augen;
Drumb magstu sehen vnd wol zu schawen,
Damit du volgest seiner lehr
Vnd hierdurch meidest gros gefehr.
Man halts dafür, das dieser Alt,
Ein Engel in menschen gestalt,
Von Got hieher geordnet sey
Damit er warn, wer kompt herbey.

So führt er einst einen Lautenisten in den Berg, warnt ihn aber sich umzusehen oder Geld zu nehmen. Der Gewarnte kehrt sich nicht daran; wie er umsieht, bleibt ihm der Hals stehen. [93])

Nicht bloß vor dem Berge aber sitzt der treue Eckehard, in dem Frau Venus oder Frau Holle wohnt[94]), er schreitet auch wenn sie ihre Ausfahrt halten, warnend vor dem wilden Zuge einher.[95]) Schon Johann Agricola fügt seiner oben abgedruckten Erläuterung des Sprichworts vom treuen Eckhard noch folgende Volkssage an: „Ich hab neben andern gehört von dem wirdigen herrn Johan Kennerer, Pfarrherr zu Manßfelde, seins alters über achtzig jar, daß zu Eißleben, vnd im ganzen land zu Manßfelde, das wütend heere (also haben sie es genennet) fürüber gezogen sei, alle jar auff den Faßnacht Dornstag, vnd die leut seind zugelauffen, vnd haben darauff gewartet, nicht anderst als solt ein grosser mechtiger Keyser oder König fürüber ziehen. Vor dem hauffen ist ein alter man hergangen mit einem weissen stabe, der hat sich selbs den trewen Eckhart geheyssen. Diser alter man hat die leute heyssen auß dem wege weichen, hat auch etliche leute heyssen gar heim gehen, sie würden sonst schaden nemen. Nach disem mann haben ettliche geritten, ettliche gangen, vnd seind leute gesehen worden, die newlich an den orten gestorben waren, auch der eins theyls noch lebten. Einer hat geritten auff einem pferde mit zweyen füssen. Der ander ist auff einem rade gebunden gelegen, vnd das radt ist von jm selbs vmbgelauffen. Der dritte hat einen schenckel über die achssel genommen, vnd hat gleich sehr gelauffen. Ein ander hat keinn kopff gehabt, vnd der stuck on massen. In Francken ists noch newlich geschehen, zu Heydelberg am Neckar hat mans offt im jar gesehen, wie man mich bericht hat. Wir brauchen dises worts, wenn jemand einn andern trewlich vor schaden warnet, vnd wir wöllens nach rhümen, so sagen wir: Du thust wie der trewe Eckhardt, der warnet auch jedermann vor schaden." [95a])

Eine entsprechende Erzählung von dem treuen Eckard als Warner vor Frau Holles gespenstigem Heer hat im 17. Jahrhundert Mich. Joh. Prätorius. In seinen „Weihnachtsfratzen" [96]) berichtet er von den Auszügen der Frau Holla aus „ihrem Horselberg" um die Weihnachtszeit und reiht daran unter der Überschrift „Der Treue Eckart machet auff Weynachten semper-volle Kannen" folgendes Geschichtchen: „Weiter soll es zu Schwartze (welches ein Dorff ist in Thüringen) geschehen seyn auff Weynachten, daß auch die Frau Holla fürüber gezogen, da der Treue Eckart vorne an im Troppe gewesen, und die begegneten Leute gewarnet hat, damit sie möchten aus dem Wege treten, daß ihnen kein Leid wiederfahre. Bey solchem Zuge aber sollen ein paar Knaben desselbigen Dorffs zugesehen haben, welche aus der Schencke

Bier geholet und solches nach Hause tragen wollen: Weil aber die Gespenster im vollen Marg (!) gewesen, so wahren sie ein wenig abseits gewichen mit ihren Kannen, an einer Ecke. Da sollen unterschiedliche Weiber derselben Rotte solche ihre Kannen genommen und draus gleichsam getruncken haben. Darzu doch die Knaben aus Forcht stille geschwiegen; wiewohl sie nicht gewust, wie sie ihnen gethun sollten, wenn sie nach Hause mit leeren Gefässen kommen würden. Endlich soll der Treue Eckart drauff zu sie gesprochen haben: Das heisset euch Gott sprechen, daß ihr nichtes geredet habet; sonsten solten eure Hälse ümmegedrehet worden seyn; und nun gehet drauff flugs nach Hause und saget von dieser Geschichte keinem Menschen etwas, so werden eure Kannen immer voll seyn und wird ihnen niemahl an Bier gebrechen oder fehlen. Solches hatten die Knaben bey 3. Tage in acht genommen: da es ihnen ergangen wie jener Witwen in der Bibel mit ihrem Oelkruge. Aber endlich hatten sie es doch aus Vorwitz nicht länger verbergen können, sondern die Sache ihren Eltern erzehlet. Da war es mit dem Cornu copiae ausgewesen und hatte der Brunnenquell versiegen. Andere sagen, es sey dieses nicht eben in Weynachten geschehen, sondern auff eine andere Zeit."

Aus dieser Erzählung des Prätorius hat unter Vermittlung von J. H. v. Falkensteins Thüringischer Chronika[97]) Goethe den Stoff zu seiner Ballade „Der treue Eckard" entnommen. —

Nicht über das 15. Jahrhundert haben die direkten Zeugnisse für Eckehards mythische Qualitäten uns zurückgeführt. Diese Angaben ruhen aber zweifelsohne auf altem Grunde. Wenn wir ihnen in den früheren Quellen nicht begegnen, so liegt das nur an der besondern Qualität derselben. Unsere auf dem Kothurn stolzierenden Epen hatten dafür keinen Raum, ihnen gestaltete sich jede Sagenfigur ohne weiteres nach dem hier allein gültigen Schema zum ritterlichen Helden rein menschlicher Art. Nur hie und da stößt genaues Zusehen auf Rudimente, die den früheren Zustand verraten. Ein solcher Zug liegt glücklich auch in unserem Falle vor und gibt uns den Beweis, daß Eckehard auch im 13. Jahrhundert schon dem gespenstigen Verbande des wütenden Heeres zugehörte. Wir haben oben aus zwei Volksepen — Dietrichs Flucht und Rabenschlacht — den Bericht vernommen, daß Eckehard den fliehenden Sibich bezw. Ribstein verfolgt, gefangen und mit dem Schwerte getötet habe; den Leichnam aber legte er quer vor sich aufs Roß und führte ihn so durch Dietrichs

Heer. Daß dieser Zug alt sein muß, ist schon deswegen klar, weil er vollkommen aus der höfischen Haltung dieser Gedichte herausfällt. In der Tat gehört er in eine ganz andere, mythische Sphäre: Eckehard tut hier dasselbe, was sonst des wilden Jägers Gewohnheit ist.[98]) Zahlreiche Sagen berichten uns, daß der wilde Jäger Frauen zu verfolgen pflegt.[99]) In den älteren literarischen Zeugnissen werden die Gejagten gewöhnlich als die Seelen wohlbekannter, kürzlich in Sünden verstorbener Frauen erkannt, der heutige Volksglaube bezeichnet sie als selige oder Nachtfräulein, Moosweibchen, Holzweiblein, Lohjungfern und wie sie sonst heißen mögen. Überall aber tötet der Verfolger die Eingeholte mit dem Schwerte, wirft sie nackt quer vor sich aufs Roß und reitet mit ihr davon.[100]) Schon im 13. Jahrhundert bei Caesarius von Heisterbach[101]) und Vincenz von Beauvais[102]) begegnet uns diese Erzählung. Statt der Frau werden nach manchen Berichten wohl auch Männer vom wilden Jäger gejagt[103]), insonderheit wird von dem Wode auf Rügen berichtet, daß er „Mörder, Diebe, Räuber, Hexen und Hexenmeister und alles, was von dunklen und nächtlichen Künsten lebt", verfolge.[104])

Von altersher also gehört der Beschützer der Harlunge ins wütende Heer.[105]) Und diese selbst? Leider haben wir ja für ihr Wesen und Tun beinahe gar kein Zeugnis, da die Überlieferung fast nur von ihrem unschuldigen Tod erzählt.[106]) Aber einige Anhaltspunkte sind uns doch gegeben und weisen bestimmt genug den Weg.

Die Thidrekssaga bietet in ihrem Kapitel 281 (oben S. 14) einige ebenso auffallende, als wertvolle Angaben über Leben und Tun der Harlunge.

„Wenn der Wind aus Westen und Süden weht und die Sonne heiter scheint und zuweilen ein leiser Regen fällt und es schön ist im Osten und Norden", d. h. also im ersten Frühjahr, da erscheinen der junge Egard und sein Bruder Aki und sie treiben es gar übermütig; das Tier und der Vogel im Wald hat keinen Frieden vor ihnen, noch die Mägde Erminriks, noch die Königin selbst.

Diese Angaben sind nach zwei Seiten hin auffällig. Denn sie setzen einmal ja offenbar ein regelmäßiges Erscheinen der Brüder an Erminriks Hofe voraus, wovon sonst nicht die Rede ist, und dann müssen wir uns billig verwundern, den für die Erzählung an sich völlig gleichgültigen Zeitpunkt ihres jeweiligen Erscheinens so genau nach seinen atmosphärischen Qualitäten beschrieben zu sehen. Augenscheinlich liegt hier eben wieder ein mythischer Zug vor, dessen Überführung in rein menschliche Verhältnisse nicht völlig gelungen ist. Denn was hier von den Brüdern erzählt wird, das ist ganz die Art des wilden Jägers, der ja regelmäßig zu bestimmten Zeiten sich zeigt. Zu den Zwölften, in den heiligen Nächten zwischen Weihnachten und Dreikönig, sagt zumeist die gegenwärtige Volksüberlieferung; aber auch im ersten Frühjahr, zu Fastnacht, in der Fastenzeit, in der Gründonnerstagnacht, zu Himmelfahrt, Johannis oder allgemeiner „im Frühling" läßt sie ihn erscheinen.[107]) Daß Tier und Vogel im Wald vor dem nicht sicher sind, der auf ewiger Jagd sich befindet, ist selbstverständlich[108]): wir haben aber auch schon gehört, daß seine Nachstellungen selbst auf Menschen und zwar, wie bei den Harlungen, besonders auf Frauen sich erstrecken. Es gibt außer der schon angeführten Überlieferungsgruppe von der Jagd auf irdische oder überirdische Frauen noch zahllose Erzählungen, nach denen der wilde Jäger Menschen, die ihm mit Hussaschrei, Halten der Hunde, Aufzeigung der Fährte und dergleichen „jagen geholfen" oder indem sie „Halb Part!" ihm zuriefen, einen Anteil an seiner Beute verlangten, als solchen ein Frauenbein zugeworfen habe. Deutlich genug charakterisiert also die Erzählung der Thidrekssaga unsere Harlungen als wilde Jäger.

Hiezu mag endlich auch das Schicksal passen, das die Brüder am Galgen erleiden und von dem die Sage fast allein erzählt. Denn nicht nur laufen im wilden Heere alle mit, die eines gewaltsamen Todes gestorben sind[109]), Verstümmelte, Geräderte usw. oft mit den schrecklichsten Attributen wie die christlichen Heiligen, indem sie den Kopf unterm Arm, den Schenkel über der Achsel, das „Gekrös" vor sich hertragen; von dem wilden Jäger selbst wird uns fast regelmäßig versichert, daß er seinen Kopf unterm Arme trage, also auch selbst eines gewaltsamen Todes gestorben ist.

Jetzt erst verstehen wir auch die „Harlungenberge", die Montes Harelungorum, die uns oben schon begegnet sind. Denn es ist ein durch zahlreiche Zeugnisse alter und neuer Zeit wohlverbürgter Glaube, daß die wilde Jagd in Bergen ihren Sitz habe. Wir haben ihn ja bereits kennen gelernt bei unserem Eckehard, der, als ein Beamter des wütenden Heeres, ebenso vor und in Berge versetzt wird, wie den Venus- oder Hörselberg; zuweilen aber ist der Berg gerade nach ihm benannt wie sonst nach den Harlungen und so findet denn auch unser Breisacher Eckardsberg seine Erklärung.[109a])

Nach derselben Seite weisen nun endlich zur willkommenen Bestätigung unsrer bisherigen Kombinationen die Namen der Brüder. „Harlunge" nennt sie einstimmig die Überlieferung; wir müssen den Namen auf die Benennung der wilden Jagd als das „Heer" (althochdeutsch heri aus hari, gotisch harjis) schlechthin beziehen. Daß die Anführer des wilden Heeres mit einem aus diesem Worte selbst weitergebildeten Namen benannt werden, ist auch keineswegs ohne Parallelen. Der Engländer Walther Mapes nennt in seinen zwischen 1180 und 93 verfaßten «Nugae curiales» als Anführer der wilden Jagd einen Herla, der im Leben ein König der ältesten Britten gewesen sein soll; an einer anderen Stelle dagegen bezeichnet er das wilde Heer als Familia Herlethingi 'Gesinde des Herlethingus'.[110]) Diese Benennung aber erinnert sogleich an die berühmte Familia Herlichini der Normandie, von der Ordericus Vitalis in seiner Historia ecclesiastica erzählt.[111]) Dieser Bericht aber steht unserer Überlieferung besonders nahe, indem auch die Familia Herlichini von einer Art treuem Eckard begleitet wird. In einer Januarnacht des Jahres 1091, erzählt Ordericus, hörte ein Geistlicher ungeheuren Lärm wie vom Heranrücken eines gewaltigen Heeres. Wie er erschreckt unter nahe Bäume flüchten will, überholt ihn ein riesiger Keulenträger, heißt ihn stehen bleiben und stellt sich „ohne ihm zu schaden" neben ihn, während der schreckliche Zug vorüberzieht. Eine bunte, schaudererregende Gesellschaft setzt ihn zusammen, in der der Priester viele unlängst Verstorbene erkennt, die hier für ihre Sünden büßen; den Beschluß macht eine Schar schwarz-feuriger Ritter, die gewappnet zum Kampf zu eilen scheinen. Da erkennt der Kleriker, daß er die Familia Herlichini gesehen hat, von der man ihm schon so viel erzählt hat, ohne daß er es glauben mochte. Man sieht, der Keulenträger, der dem Zug des Herlichinus vorauseilt und dem in die Bahn des wilden Heeres geratenen Menschen sich schützend zur Seite stellt, waltet desselben Amtes wie der mit einem Stabe in der Hand warnend und schützend vor dem wilden Heere einherschreitende Eckard in den Erzählungen des Agricola und Prätorius.

Weniger klar als der Geschlechtsname sind die Eigennamen der Brüder. Aber es scheint wohl, daß auch sie unserer Deutung sich fügen. Zu altnordisch fríðr „schön" gehört offenbar der Name Frîtele, der also mit „Schönle" zu übersetzen wäre; Imbrecke, Embrica, Emerca aber, wie der andere Bruder heißt, scheint wohl mit altnordisch ǫmurligr „furchtbar, schrecklich“ zusammenzuhängen.[112]) Ist diese Deutung richtig, so dürften wir in den Namen (und vermutlich ursprünglich auch in dem Wesen) der Brüder jene zwei entgegengesetzten Elemente wiederfinden, die allenthalben in der volkstümlichen Überlieferung Wesen sowohl wie Persönlichkeiten der wilden Jagd zusammensetzen. Denn nicht bloß schrecklich und furchterregend ist ihre Erscheinung, sondern auch schön. Liebliche Musik erklingt aus ihrem Zuge nach zahlreichen Angaben und nicht nur jagend, mordend, zerstörend braust der wilde Zug dahin, sondern auch Fruchtbarkeit und Segen erblühen aus seinem Weg. Und so sind auch seine Führer wohl einmal schrecklich und häßlich, aber ebensooft schön und glänzend und gut. Entsprechend finden wir in den volkstümlichen Spielen, die als menschlicher Widerschein jener überirdischen Umzüge gedacht sind, beim Perchtenlaufen, den Adventsspielen usw. beide Elemente vertreten[113]): den polternden, schreckenden Knecht Ruprecht neben dem lieblichen Christkindl, die „schiachen Berchten“ neben den „Schönberchten“, den Imbrecke also neben dem Fritele.

Vielleicht haben wir mit diesem Hinweise an die Wurzel dieses Brüderpaares überhaupt gerührt. Nirgends findet sich in dem Kreise volkstümlicher Vorstellungen von der wilden Jagd, so weit wir sie übersehen, eine Andeutung, daß je ein Brüderpaar als Anführer derselben gedacht sei. Aber es ließe sich ja wohl denken, daß jene beiden disparaten Elemente, aus denen die Erscheinung auch für den heutigen Volksglauben noch sich zusammensetzt, einmal in Brüdern disparaten Charakters und Namens personifiziert gewesen sei. Wir verkennen jedoch nicht, daß dieser Schluß schon einer festen Unterlage entbehrt und müssen hier ehrlicherweise mit unseren Kombinationen Halt machen.[114])

Nur eine Frage drängt sich noch auf und muß wenigstens ausgesprochen werden, wenn wir sie auch nicht zu beantworten vermögen. Die Harlungensage hat sich uns als durchaus mythisch erwiesen, hatte also von Hause aus mit der ja historischen Persönlichkeit Ermanrichs nichts zu tun. Was veranlaßte denn die Verknüpfung dieser beiden Elemente, wie wir sie in der Überlieferung überall vorgefunden haben?

Wer darauf doch eine befriedigende Antwort zu geben vermöchte! Tat es das Volk selbst und die Sage mit langsamem, heimlich stillem Wachstum, indem da und dort die beiden Kreise einander nahe gebracht wurden, bis sie sich unauflöslich verschlangen? Oder danken wir's dem Einfalle eines Einzelnen, der Phantasie eines Dichters, dem sein Volk gläubig nachsprach, was ihm eine erhöhte Stunde eingegeben? Wer mag das wissen! Aber es will uns schließlich nicht auffallend erscheinen, daß diese beiden in ihren Ursprüngen so verschiedenen Erzählungskreise sich anzogen. Wenn alemannische Krieger abends beim flackernden Herdfeuer von dem grausamen Gotenkönig sich erzählten, der gegen sein eigen Fleisch und Blut wütete, und draußen brauste derweil das wütende Heer durch die Luft, von den Harlungen geführt, die jeder als gewaltsam getötet erkennt, weil sie ihren Kopf in der Hand halten oder dergleichen, da konnte wohl manchem der Einfall kommen, auch ihre Tötung dem großen Bösewicht aufs Kerbholz zu setzen. War doch der clarissimus Amalorum, wie Jordanes noch ihn verehrend nennt, auserfehen, der Träger aller Übeltaten zu werden, die aus der Geschichte der Goten in die Sage sich hinübergerettet haben, jene Sage, die allen Ruhm, alles Licht mehr und mehr auf ihren Dietrich versammelt. Euhemeristische Erklärungen aber für die wilde Jagd und ihre Anführer begegnen uns in der Überlieferung ungezählte Male in alten und neuesten Zeiten. In Gestalten der Weltgeschichte so gut wie in lokalen Größen hat die geschäftige Neugier der lebendigen Sage immer wieder die Erklärung für den wilden Jäger und sein Heer gesucht, dessen Dasein Tradition und persönliche Überzeugung gleich gut verbürgten. So gelten dem Volke heute noch vielfach einstige Herren von Burgen, die mit gespenstischen Ruinen schreckend in die Gegenwart hereinragen, aber auch etwa König Waldemar von Dänemark oder Karl der Große oder Karl der Fünfte oder König Artus oder selbst Dietrich von Bern als Führer des wütenden Heeres und man bemüht sich, ihr gespenstisches Fortleben nach dem Tode mit allerlei üblen Geschichten aus dem irdischen Dasein dieser Helden zu begründen. Vielfach weiß man auch genau zu erzählen, auf welche Weise die Herren sich einen gewaltsamen Tod zugezogen, wie er ja für den wilden Jäger feststand. Kein Wunder also, wenn wir in unserem Falle auf ähnliche Kombinationen stoßen. Von allen derartigen Versuchen, für die Erscheinung des wütenden Heeres eine menschliche Erklärung zu finden, ist der unsrige wohl der älteste und gerade ihn hat die Dichtung wie keinen anderen früh geweiht und befestigt. Da der angelsächsische Widsidh die Verbindung der Harlungen mit Ermanrich schon zu kennen scheint, muß sie wohl noch im 6. Jahrhundert zu stande gekommen sein. Daß dies auf alemannischem Boden geschehen sei, ist zum mindesten möglich. Wenigstens ist hier und gerade im Breisgau die Sage früh genug bekannt gewesen.

Im Codex traditionum des Klosters Sankt Gallen findet sich eine am 26. Dezember 786 zu Wittnau am Schönberg ausgestellte Urkunde[115]), in der ein Heimo und seine Tochter Svanailta ihren Besitz zu Merzhausen, Mengen, Haslach und Wendlingen an St. Gallen übertragen. Unter den Zeugen erscheinen an erster Stelle Saraleoz und Eghiart. Hier haben wir also in einer Urkunde gleich vier Namen aus der Ermanrichsage bezeugt, neben Heime drei aus dem hier zu behandelnden Kreise: Swanhild, Sarus und Eckehard. Auch in einer 807 in Krotzingen ausgestellten Urkunde begegnet eine Swanabilt (wie sie im Texte, oder Svanihilt, wie sie in der Unterschrift heißt; vgl. Svanihilt in der Urkunde von 838, Nr. 370). Auch der zweite Bruder, der Ammius des Jordanes, begegnet früh gerade wieder auf alemannischem Boden als Hamadeos a. 766 in der Mark Nibelgau um Leutkirch, Hamadeohc 799 in Wasserburg, Hamadeoh a. 807 in Langenargen, Hamadhio a. 855 in Lautrach bei Bregenz.[116])

Auch für die Lokalisierung der Sage in Breisach fehlt es nicht an alten Zeugnissen.

Um die Wende des 11. und 12. Jahrhunderts heißt es in der oben schon einmal zitierten Weltchronik, die anscheinend zu Unrecht dem Ekkehard von Aura zugeschrieben wird, im Elsaß liege die Burg „Brisahc", nach der der ganze umliegende Gau „Brisahcgowe" genannt würde; „sie soll einstmals denen gehört haben, welche Harelungi genannt wurden".[117]) Seit dem 12. Jahrhundert finden wir auch den Bergnamen bezeugt, der als letztes lebendiges Überbleibsel unserer Sage allein noch in die Gegenwart hereinragt. Eine Bestätigungsurkunde, die Papst Innocenz II. am 14. April 1139 dem Bischof von Basel für seine Besitzungen ausstellt, erwähnt auch Castrum de Hvsenberch (d. i. Usenberg) cum tota Augia et Montem Hechardis.[118]) Und aus dem Juli 1185 ist uns eine Urkunde erhalten, nach der Kaiser Heinrich VI. und Bischof Heinrich von Basel den „Berg Breisach" und den Berg, „der Eggehartberc genannt wird", miteinander teilen.[118a]) Auch die literarischen Zeugnisse von unserer Sage suchen entsprechend die Harlungen und ihren Hüter zumeist in Breisach. Das Gedicht von Dietrichs Flucht weiß noch, wie sie dahin gekommen sind: als der alte Amelung sein Reich unter seine drei Söhne teilte, hat Diether, der Vater der Harlungen, Baiern und Breisach erhalten.[119]) Nach dem sog. Wolfdietrich D aber ward vielmehr dem Vater Eckehards Hache «daz lant bî dem Rîn» als Lehen und eine edle Herzogin als Weib zuteil; von ihr wird ihm «ze Brîsach ûf der veste» ein Sohn, Eckehard, geboren.[120]) Auch in Alphards Tod waltet Eckehard (doch nach dem Tode der Harlungen) in Breisach als «des hûses herre»; bei ihm weilen Walther von Kärlingen und, in einem Kloster in Breisach, der kampffrohe Mönch Ilsam und Hug von Dänemark. In Breisach treffen sie Dietrichs Boten, Hildebrand und Nitger, die Hülfe von ihnen heischen im Kampfe ihres Herrn gegen Ermanrich; freudig wird sie gewährt:

Da taten sie mit Freuden, worum der Alte bat.
Sie legten sich zu Felde zu Breisach vor die Stadt.
Da kam mit Hast geritten gar mancher kühne Degen.
Eckart, der Herr des Hauses, hieß sie aufs freundlichste verpflegen.

Sie sprangen von den Rossen nieder auf das Feld,
Bis Hildebrand sechstausend der Besten ausgewählt.
Ein Banner sie anbanden, da galt kein Zaudern mehr.
Wohl folgt aus schönen Augen manch feuchter Blick noch lang dem Heer.

Nach der Schlacht reitet Eckehard wieder nach Breisach zurück.[121])

So schreibt denn auch die Vorrede zum Heldenbuch den Harlungen „daz land in Prißgowe vnd vmb Brisach“ zu[122]) und läßt den Eckehard „vff einer birge nidewendig Brisach“ sitzen[123]), wobei doch wohl an den Eckardsberg gedacht sein muß, der freilich oberhalb des Breisacher Berges liegt. Im 16. Jahrhundert weiß Beatus Rhenanus, der Schlettstädter Humanist, zu berichten, daß einstmals die Harelungi den mons Brisiacus besessen hätten[124]) und Fischart sucht den Berg, in den des „treuen Eckarts Zwerg“ den Tannhäuser und Sachsenheimer führt, bei Breisach.[125]) Auch der Name des Harlungenberges bei Brandenburg ward in diesem Jahrhundert abgeleitet „von den Harlungis, einem edlen Geschlecht auß dem Elsaß oder Brißgow“, das Karl der Große hieher versetzt haben sollte.[126])

Und wie im Mittelalter Frankreich „Kärlingen“ genannt wurde nach den Karolingern, oder Lothars Teilreich „Lothringen“, so übertrug sich auch hier der Name der herrschenden Dynastie auf das von ihr beherrschte Land und Volk und die Bewohner des Breisgaus selbst wurden „Harlungen“ genannt.[127]) „Harelungi seind die Breißgöwer“ erklärt Sebastian Münster in seiner Kosmographie gelegentlich einer

„Vergleichung der alten und neuen Namen Teutscher Nation".[128]) Und so nennt der Freiburger Universitätsprofessor Johann Thomas Freig, bekannt als eifriger Anhänger des Peter Ramus und unruhiger Kopf, seinen Aufenthaltsort statt mit dem üblichen «Friburgum Brisgoviae» in zweien seiner Werke aus den Jahren 1574 und 1575 «Friburgum Harelungorum»[129]) und seine Söhne bezeichnen in der Vorrede zu seinem «Paedagogus», den sie 1582, kurz vor dem Tode ihres Vaters, herausgaben, als dessen Wirkungsstätte „jenes Freiburg der alten Harlungen, an deren Stelle die Breisgauer gerückt sind, die ihren Namen nach dem Breisacher Berg angenommen haben".[129a])

Nicht nur in Breisach aber sucht die Sage die Harlungen, vielmehr stoßen wir in den Quellen auch auf manche abweichende Bestimmung. Saxo Grammatikus weiß nur, daß die Brüder in „Germania" gesessen haben.[130]) Die Thidrekssaga setzt zwar ihre Burg an den Rhein, nennt sie aber Trelinnborg.[131]) Hier läßt sie Egard, Aki, Fritila und Vidga wohnen, den Vater der Brüder, ihren Aki Aurlungatrausti aber setzt sie bald ebendahin, bald nach Fritilaborg, worunter sie Vercelli verstanden wissen will.[132]) Hiermit steht doch auch ein Teil der deutschen Überlieferung in Einklang, die die Harlungen und besonders Eckehard mehrfach in Italien sucht und zwar bei Dietrich in Bern.[133])

Es fehlt daneben nicht an anderen Lokalisierungen; wir haben oben schon die Harlungenberge kennen gelernt, die bei Brandenburg, Leisnig, am Harz, bei Pöchlarn sich finden; auch mit einem Eckardsberg bei Zittau wie der Eckartsburg in Eckartsberga bei Merseburg wird der Eckehard der Sage in Verbindung gebracht. Diese Verknüpfung ist zum Teil wohl junge Erfindung, für einige der genannten Orte aber wird sie durch literarische Zeugnisse als alt und ursprünglich erwiesen.

Um die Lokalisierung der Harlungen in Breisach zu erklären, hat man gewöhnlich den Zusammenklang der Namen des mons Brisiacus und des Brisinga mene angerufen, wie der Halsschmuck der Freyja in nordischen Quellen genannt wird.[134]) Allein die Verknüpfung der Harlungen mit diesem Kleinod, durch die Überlieferung nirgends bezeugt, beruht auf unhaltbaren Kombinationen.[135]) In der Tat vermögen wir uns die Lokalisierung auch ohne das ausreichend zu erklären. Ihrem mythischen Charakter entsprechend werden die

Harlungen, wie wir gesehen haben, überall in Bergen gesucht. Allenthalben hat die volkstümliche Überlieferung gerne durch auffallende Lage, Gestalt oder durch klimatische Verhältnisse (Wolkenbildung, sog. Hutberge) ausgezeichnete Berge zum Aufenthalte des Windes und der Seelen, insonderheit aber der wilden Jagd gemacht, in der diese beiden Elemente sich verbinden. Es ist also nichts weniger als überraschend, wenn die abgetrennt vom Hauptgebirge am schon ebenen Rheinufer isoliert aufragenden letzten Ausläufer des Kaiserstuhls in gleicher Weise vom Volksglauben ausgezeichnet wurden. Es hinderte das, wie wir gesehen haben, durchaus nicht, daß der Volksglaube anderswo Eckehard und die Harlungen in anderen Bergen suchte. Wenn die Lokalisierung in Breisach seit dem 13. Jahrhundert in der Überlieferung stärker als andere hervortritt, so liegt das augenscheinlich daran, daß die oberdeutsche Dichtung eben diese oberdeutsche Lokalisierung bevorzugte.[136])

Daß sie gerade hier besonders lebendig blieb, ist nicht unbegründet; fehlt es doch auch sonst nicht an Zeugnissen dafür, daß hier am Oberrhein, im Lande der Zähringer, die Heldensage sich vielfacher Bekanntschaft und Pflege erfreute.[137]) Das genannte Fürstengeschlecht selbst hat sichtlich persönlichen Anteil daran genommen und schien wohl durch geschichtliche Verhältnisse mehr als ein anderes dazu bestimmt. Mit dem Herzogtum Kärnten hatte Berthold I. 1061 die Mark Verona überkommen und konnte so nach demselben Bern sich nennen, wo die Sage ihren Liebling Dietrich suchte und keinen anderen Namen mochte Berthold V. 1191 seiner zu so hoher Blüte bestimmten Stadtgründung im Üchtlande geben. Der Titel des Markgrafen von Verona hatte sich im 12. Jahrhundert für die badische Linie unter Hermann III. erneuert und die Sage zeigte sich geschäftig, die Hachberger direkt an den Berner Dietrich anzuknüpfen. „Des Marggrafen von Nidern Baden Land“, sagt Ladislaus Suntheim von Ravensburg um 1500 in seiner Chronik der Fürsten und Länder Hochdeutschlands, „ist ain guts klains land mit wein und korn und andern notturften als visch, vogel, wiltpret usw. und die sag ist, die marggraven von Hachberg seien aus Lamparden mit Karolo Magno, Röm. kaiser und kunig zu Frankreich, in teutsche land komen und seien des geslechts herrn Dietrichs von Bern, der da gewesen ist ain künig in Italia, und der erst marggraff hat gehaißen Hacho, ain starker, fraidicher herr; der hat das gslos Hachberg, im Preiskei gelegen, erstlich erpawt und das noch im Hachberg genant, und in dem benanten gslos soll ain prun sten, dor ein gehawt dise geschrift: Hacho haiß ich, dissen prunen macht ich; und er ist ain wilder und varchtsamer herr gewesen und von im ist auf heutige tag ain sprichwort gemacht, wann ainer rummorisch ist, so spricht man: du bist ain wilder Hach. Und das geslecht sol gewert haben biß auf die regierung kaiser Friedrichs des ersten, der von gepuerdt ain hertzog von Swaben gewesen ist. In des regirung sind die herrn von Hachberg abgestorben und kaiser Fridreich obgenannt hat ainen aus den sünen des marggraven von Diethrichsbern mit im als ainen geisel oder pargen in teutsche land gefüert und den in die herschaft Hachberg gesetzt und in ain herrn zu Hachberg gemacht und im namen und wappen der vordern marggraven verlichen .... Aus den selben marggraven sind die marggraven von Baden entsproßen und komen." [138])

In der Tat hat schon die Dichtung des 13. Jahrhunderts den Beziehungen des Geschlechtes zu „Dietrichsbern" Rechnung getragen. Das Gedicht von Dietrichs Flucht kennt einen Fridunc von Zæringen in Ermrichs Heer, einen Wigolt von Zæringen als Dietwarts Schildgenoß [139]); die Rabenschlacht läßt in dem großen Streite vor Ravenna auch einen Sigeher von Zæringen fechten [140]) und der Graf Berhtolt von Elsâzen, auch der Swâbe herre genannt, der im Biterolf auf der Seite des Königs Gunther in Worms erscheint [141]), trägt den Hausnamen der Zähringer.

In voller Kraft sehen wir also Ermanrich- und Dietrichsage das ganze Mittelalter hindurch am Oberrhein lebendig. Man möchte sich darüber wohl billig verwundern; waren es doch keineswegs die Geschicke und der Ruhm des hier heimischen Volkes, den sie verherrlichte. Denn soweit sie geschichtlichen Inhalt besitzt, ist sie gotischen Ursprungs. Dies aber war der schöne Dank, den die Alemannen dem großen Gotenkönig abstatteten dafür, daß er einst nach dem vernichtenden Einbruche der Franken die mächtige Hand schützend über sie gehalten. Als die Berufensten unter den Nachbarn der Goten hielten sie für die gesamte germanische Welt im mild verklärenden Lichte der Sage die gewaltigen Taten und Leiden des edelsten germanischen Stammes fest, den in blühender Jugend schon sein dunkles Schicksal ausgelöscht hatte in blutigen Schlachten weit drunten jenseits der großen Völkerscheide, die ihren Firnglanz heraufwirft bis an den Breisacher Berg.

In unseren Tagen erst ist auch hier verklungen und vergessen, was überall, wo Germanen wohnen, fast anderthalb Jahrtausende hindurch die Geister beschäftigt und erhoben hatte. Fürwitzige Gelehrsamkeit nur konnte noch einmal für einen Augenblick den ewigen Schlaf stören, zu dem der treue Eckard eingegangen ist in seinen Berg. Wir wünschen die Erinnerung an das Alte unverloren, aber kein Verlangen beseelt uns, dem Ausgelebten künstlich zu wesenlosem Weitersein verhelfen zu wollen. Eine neue Zeit ist hereingebrochen mit neuen Aufgaben und Zielen. Glücklich, daß wir sagen dürfen, der alemannische Stamm am Oberrhein habe auch in ihr die Mission erfüllt, mit der die Vorsehung ihn betraut zu haben scheint in der Geschichte unseres Volkes. Von allen deutschen Stämmen hat keiner begeisterteren Anteil an der Errichtung des neuen Reiches genommen, keiner ist williger bereit gewesen mit bedingungsloser Hingabe des eigenen Wesens dem größeren Ganzen zu dienen. Auch hier aber ist sein Fürst, der Edelste aus dem alten Hause der Zähringer, ihm freudig vorangegangen.

Anmerkungen.

Im Nachstehenden gebe ich eine Reihe von Bemerkungen, die teils solchen Lesern, welche ein Bedürfnis nach eigener Orientierung in den Quellen empfinden, zum Wegweiser dienen, teils im Texte Ausgesprochenes näher begründen sollen. Zum voraus seien hier einige Werke genannt, in denen unser Gegenstand sich ausführlicher behandelt findet. Die Quellen unserer Sage verzeichnet fast vollständig Wilhelm Grimms Deutsche Heldensage (3. Aufl. bes. v. R. Steig, Gütersloh 1889). Von der Harlungensage hat sodann Wilhelm Hertz in seinem Buche „Deutsche Sage im Elsaß", Stuttgart 1872, eine ebenso anmutende als gelehrte Darstellung gegeben. Die ganze Ermanrichsage ist zuletzt ausführlich und gründlich von O. L. Jiriczek (Deutsche Heldensagen, 1. Band, Straßburg 1898, S. 55 ff.) behandelt worden; ich kann mich allerdings mit den Aufstellungen des Verfassers in wesentlichen Punkten nicht einverstanden erklären. Endlich sei noch auf den trefflichen Abriß der germanischen Heldensage verwiesen, den B. Symons in Pauls Grundriß der germanischen Philologie, 2. Aufl., 3. Band, Straßburg 1900, S. 696 ff., gegeben hat. In all den genannten Werken findet sich auch weitere Literatur angeführt.

[1]) So nennt die berühmte Ambraser Handschrift, die Kaiser Max von Hans Ried schreiben ließ, sich selbst „Heldenbuch"; in den Urkunden, die sie betreffen, wird sie (Pfeiffers Germania, 9, 383 f.) bald „Heldenbuch", bald „Riesenbuch" genannt. Die Vorlage, aus der sie abgeschrieben werden sollte, bezeichnet der Kaiser selbst als „Das Heldenbuch an der Etsch" (ebd. S. 382). In einem alten Verzeichnis der Bücher Maximilians wird auch „das heldenbuch zu Rucklstain" aufgeführt Gottlieb, Die Ambraser Handschriften. Beitr. z. Gesch. der Wiener Hofbibliothek 1, Leipzig 1900, S. 43. In dem Verzeichnis der Handschriften, die Graf Wilhelm von Zimmern 1567 an Ferdinand von Tirol schenkte, begegnen Nr. 9 Ein allts geschrieben Buch Reymen weis von den alten Helden (= Hofmanns Katalog Nr. XX), Nr. 47 Ein teutsches gedicht Reymen weis von vielen heroibus geschriebenn, Nr. 55 Ein teutsches auf Pergamen geschriebnes Heldenbuch Reimenweis (= Hofmanns Katalog Nr. XIV?), Nr. 63 Ein alts teutsch vneingebunden Heldenbuch in Regal Papier, Zeitschr. f. deutsche Philol. 31, 313 f. Für Sigismund von Tirol schrieb Nikolaus Schupf 1463 ein „Reckenbuch" Jahrb. der kunsthist. Sammlungen des allerh. Kaiserhauses 1, 201. Auch Gelehrte der Renaissance haben das Wort ihren Geschichtswerken in den Titel gesetzt wie Otto Brunfels „Helden Büchlein Von den herrlichen thaten vnd

herkummen der hohen Gottserwölten Männeren vnd Weiberen" ꝛc. oder H. Pantaleon „Teutscher Nation Heldenbuch". Das sog. Dresdener Heldenbuch Kaspars von der Rhön hat seinen Namen erst von den Philologen unserer Zeit erhalten.

[2]) Ich finde in der germanistischen Literatur nirgends eine Bemerkung darüber, wo und wann dieser älteste Druck entstanden sein möchte. Ich habe ihn nicht gesehen, glaube aber sagen zu dürfen, daß er zwischen 1483 und 1491 in der Offizin des Joh. Prüß oder des Martin Schott in Straßburg hergestellt sein müsse. Es ist das zu schließen aus einer Bemerkung Goedekes (Deutsche Dichtung im Mittelalter, Hannover 1854, S. 526), wonach die Ausgabe einen Holzschnitt gemeinsam hat mit dem Drucke des Staufenbergers, zusammengehalten mit den Mitteilungen Schröders (Zwei altdeutsche Rittermären, Berlin 1894, S. XXXIII ff.) über dessen beide Ausgaben. [Nachträglich sehe ich, daß P. Kristeller, Die Straßburger Bücherillustration im 15. und im Anfang des 16. Jahrhunderts, Leipzig 1888, S. 83, durch Vergleichung der Typen feststellt, daß der Druck bei Joh. Prüß dem Älteren hergestellt ist.]

[3]) Die Handschrift ist 1870 verbrannt. Die genaueste Beschreibung derselben findet man bei Holtzmann, Der große Wolfdietrich, Heidelberg 1865, S. XVII ff. — Die Aufstellungen der Herausgeber der einzelnen Gedichte über das Verhältnis des ältesten Druckes zu dieser Handschrift sind nicht einstimmig; vgl. für den Ortnit und Wolfdietrich Holtzmann a. a. O., S. XXXIX f., Jänicke, Deutsches Heldenbuch, 3. Band, S. XV, 4. Band, S. XVII; für den Rosengarten zuletzt Holz, Die Gedichte vom Rosengarten, Halle 1893, S. XCVII ff.; für den Laurin Martin, Deutsches Heldenbuch, 1. Band, S. XXXIX; Holz, Laurin und der kleine Rosengarten, Halle 1897, S. XXVIII ff. Nach den Bemerkungen von Holz zum Laurin scheint die Straßburger Handschrift jedenfalls nicht das Original der Sammlung, wie man leicht aus der Tatsache schließen möchte, daß in ihr alle Gedichte sowohl wie die prosaische Vorrede zwar von einer Hand, aber jeweils auf in sich geschlossenen Lagen geschrieben sind, also hier erst zusammengefügt scheinen könnten. Bemerkenswert ist auf jeden Fall die Selbständigkeit des ersten Druckes, der sowohl im Ortnit wie im Rosengarten je zwei Rezensionen benutzte und verband. Was speziell die Vorrede angeht, so stimmen beide im allgemeinen genau überein, nur hat der Druck den Wortschatz modernisiert und Weitschweifigkeiten gekürzt, selten eine Notiz von wirklichem Inhalt ausgelassen. Hie und da zeigt er allerdings berichtigte Namensformen sowie einige kleinere Zusätze von sagenmäßigem Gehalt, aber doch nur dort, wo solches aus den nachher geschriebenen Gedichten zu entnehmen möglich war. Wo die Vorrede aus anderen Quellen schöpft, bietet der Druck ein einziges Mal einen Zusatz, nämlich in den Schlußworten über den treuen Eckart: „vnd warnet alle die in den berg gan wöllend". Diese Bemerkung kann dem lebendigen Volksglauben entlehnt sein.

[4]) Diese Vorrede ist abgedruckt nach der Straßburger Handschrift bei v. d. Hagen, Heldenbuch, Leipzig 1855, S. CXI ff., nach dem ältesten Druck bei Ad. Keller, Das deutsche Heldenbuch, Stuttgart 1867 (Lit. Ver. 87). Ich zitiere im obigen nach v. d. Hagen unter Berücksichtigung der Kollation von Holtzmann a. a. O., S. XVIII. — Die späteren Drucke stellen die Vorrede an den Schluß, daher sie auch als „Anhang zum Heldenbuch" zitiert wird.

[5]) v. d. Hagen a. a. O., CXIV, 104 ff.

[6]) Ebd. CXXII, 363 ff.

[7]) Saga Didriks konungs af Bern udg. af C. R. Unger, Christiania 1853, S. 246 ff. Eine deutsche Übersetzung u. a. bei Raßmann, Die deutsche Heldensage und ihre Heimat, Hannover 1863, 2, 570 ff. — Die sonst durch ihre Selbständigkeit wertvolle altschwedische Übersetzung gibt in unserem Abschnitt (Sagan om Didrik af Bern utg. af Hyltén-Cavallius, Stockholm 1850—54, S. 173 ff.) kaum bemerkenswerte Varianten. Wir notieren allenfalls die an die zwei deutschen Sabene erinnernde Namensform Saueke (neben Seueke) für den Sifka der norwegischen Fassung; Frederik soll den Tribut nicht vom König von Vilkinaland, sondern vom konung i Swerige fordern und wird till ena borg i Hunaland erschlagen, nachdem er einen Uriasbrief überreicht hat; «Fritilia» heißt en af thera men, thera man; Vidga wird dem deutschen Witeche entsprechender Widike genannt.

[8]) Annales Quedlinburgenses, hg. v. Pertz MG., SS. III, 31: Eo tempore Ermanricus super omnes Gothos regnavit, astutior [omnibus] in dolo, largior in dono; qui post mortem Friderici unici filii sui, sua perpetratam voluntate, patrueles suos Embricam et Fritlam patibulo suspendit. Der Abschnitt der Quedlinburger Annalen, in dem diese Notiz neben anderen später zu erwähnenden sich findet, stammt im allgemeinen aus Bedas Weltchronik. E. Schröder (Zeitschr. f. deutsches Altertum 41, 24 ff.) hielt auch die Namensformen für angelsächsisch und meinte daher, die Bemerkung müsse auf englischem Boden wohl im 9. Jahrhundert schon geschrieben sein; der deutsche Annalist habe die Interpolation bereits in seinem Bedatext vorgefunden und mit dem übrigen übernommen. Allein die Sprachform der Namen ist auch in Sachsen sehr wohl möglich und sachliche Erwägungen sprechen sehr entschieden gegen Schröders Ansicht, vgl. Kögel, Gesch. der deutschen Literatur, Straßburg 1897, 1, 2, 381, und Jiriczek a. a. O., S. 70 ff. — Daß die Wiederkehr derselben Notiz im Chronicon Wirciburgense zu Anfang des 11. Jahrhunderts (MG., SS. VI, 23) nicht, wie Schröder wollte, aus jener postulierten Bedahandschrift, sondern direkt aus den Quedlinburger Annalen stammt, hat Breslau dargetan (Neues Archiv der Gesellsch. f. ältere deutsche Geschichtskunde 25, 32 f.).

[9]) Vgl. Grein-Wülcker, Bibliothek der angelsächsischen Poesie I, 1, V. 112 Hedcan sóhte ic and Beadecan and Herelingas, Emercan sóhte ic and Frídlan . . . . Seccan sóhte ic and Beccan, Seafolan and þéodríc, Heaþoríc and Sifecan.

[10]) Biterolf und Dietleib, hg. v. Jänicke, Deutsches Heldenbuch I, Berlin 1866; die einschlägigen Stellen gibt das „Namensverzeichnis" an.

[11]) Sie finden weitere Bestätigung durch das merkwürdige Zeugnis der Pegauer Annalen (hg. v. Pertz, MG., SS., 16, 232 ff.). In ihnen erzählt ein Pegauer Mönch um 1155/56 die Begründung seines Klosters und das Leben des Stifters, des bekannten Wiprecht von Groitsch. Der erste Teil der Biographie enthält viel Sagenhaftes. So wird denn Wiperts Geschlecht auf Ermanrich zurückgeführt: Emelricus, rex Theutoniae, Dietmarum Verdunensem [gemeint ist Veronensem] et Herlibonem Brandeburgensem fratres habuit. Herlibo tres filios, scilicet Emelricum, Vridelonem et Herlibonem, qui Har-

longi sunt nuncupati, genuit. Ex his Herlibo, filia regis de Urwege [so die Handschrift, Pertz: Norwege] sibi desponsata, sobolem suam duobus liberis propagavit, quorum unum Zuetibor, alterum Wolfum nominavit. Wulf heiratet die Tochter des Königs von Dänemark und bemächtigt sich nach dem Tode seines Schwiegervaters des dänischen Thrones. Seine Söhne Otto, Hermann und Wiprecht aber werden nach seinem Ableben vertrieben; der letztgenannte flieht in sein Erbe, das Balsamerland und wird der Vater des Wiprecht von Groitsch. — Über das durchaus Fabelhafte dieser Genealogie vgl. u. a. Blumschein, Zeitschr. des Vereins f. thüring. Geschichte, N. F. 2, 339 ff. Emelricus, rex Theutoniae ist natürlich der Gotenkönig Ermanrich, der z. B. auch im Chronicon imperatorum et pontificum bavaricum (MG., SS. 24, 222, Ende des 13. Jahrhunderts) Ermelricus genannt wird; fehlerhaft wird der Name (vielleicht erst vom Schreiber) an Stelle von Imbrecke für den ersten Harlung wiederholt, während der zweite richtig Vridelo genannt wird; einen dritten Harlung kennt auch Dietrichs Flucht, V. 2469 (und danach Heinrich v. München W. Grimm, Deutsche Heldensage[3], S. 225), ohne ihn zu benennen. Dietmar, der historische Theodemir, Vater Dietrichs von Bern, ist von der Sage auch sonst zu Ermanrichs Bruder gemacht worden. In dem rätselhaften, nirgends sonst bezeugten Herlibo, der hier als sein Bruder erscheint, erkenne ich verwirrte Erinnerung an Theodemirs Kebse Erelieva, die geschichtliche Mutter des großen Theodorich; ihr Auftauchen an dieser Stelle ist von besonderem Interesse, weil sie der Dietrichssage sonst vollständig verloren gegangen ist. — Über die Lokalisierung in Brandenburg vgl. unten.

[12]) Das Ursprüngliche scheint noch durchzuschimmern, wenn die Harlungenburg Fritilaborg genannt wird. Freilich könnte der Name, da in der Saga ja Fritila die Stelle Eckehards einnimmt, auch unserem „Eckardsberg" gleichzusetzen sein; doch begegnet auch in England Fridelaburg als Ortsname (in Berkshire a. 957 neben Seofecan wyrd: Binz, Beiträge z. Gesch. der deutschen Sprache und Literatur 20, 208).

[13]) Biterolf, Wolfdietrich D und Vorrede zum Heldenbuch; näheres unten.

[14]) Wir kennen schon den Aki der Thidrekssaga, den Herlibo der Pegauer Annalen, den Harlung der Vorrede des Heldenbuchs. Das Gedicht von „Dietrichs Flucht" (hg. v. Martin, Deutsches Heldenbuch II, Berlin 1866) nennt ihn Diether V. 2467 ff., danach auch Heinrich von München in seiner Weltchronik (W. Grimm, Deutsche Heldensage[3], S. 225). Beatus Rhenanus spricht von einem Harelus als Stammvater der Harlinge; nachdem er (Rerum Germanicarum Libri Tres, Basileae 1531, S. 94) den Meroueus als Begründer des Geschlechts der Merowinger genannt hat, fährt er fort: Inde Merouingi uernacula deriuatione, quemadmodum a Sala Salingi, ab Harelo Harlingi, quorum olim fuit Brisacum et ab Albi fluvio Albingi.

[14a]) Saxonis Grammatici Historia Danica hg. v. Müller u. Velschow 1 (Havniae 1839), 408 ff., ed. Holder, Straßburg 1886, S. 275 ff. Übersetzung bei P. Herrmann, Erläuterungen zu den ersten neun Büchern der dänischen Geschichte des Saxo Gramm., Leipzig 1901, S. 369 ff.

[15]) Außer den angeführten Berichten der Quedlinburger Annalen, des Saxo, der Thidrekssaga und des Heldenbuchs vgl. Dietrichs Flucht 2470 von Diethers

Söhnen: den Ermrich sit benam daz leben, dô er si vie und si âne schulde hie; allgemeinere Andeutungen ebd. V. 2565 f., 2610 f. Wenn in der Rabenschlacht (hg. v. Martin, Deutsches Heldenbuch II) 864, 3 Eckehard dem gefangenen Sibich androht: nû muost dû hangen, so soll der Verräter offenbar denselben Tod erleiden, den er den Harlungen verschafft hat.

[16]) V. 2548: Ermrich die Harlunge vie. wie er des gedâhte, daz er si zuo sich brâhte? dô er in tac hete gegeben, dô schiet er si von dem leben und zôch sich zuo ir lande. Bestimmter sagt dann Heinrich von München (W. Grimm a. a. O., S. 225), die Harlungen seien ze Raven in der stat, in Ravenna also, gehenkt worden.

[17]) Das Verhältnis Eckehards zu den Harlungen wird in den Quellen verschieden definiert. dem selben Eckehartt dem wurden enpfoln die jungen Harlunge sagt die Vorrede zum Heldenbuch CXIV, 108; vnd waz ynnen zu vogette geben ir land zů besorgend vnd zů eim zůhtt meister ein her, der waz ein heild vnd waz genant der getruwe Eckhartt . . . der was der jungen Harlung zůhtt meister ebd. CXXIII, 394. Dieselbe Auffassung verrät der Rosengarten D 63 (= F III, 13), wenn Eckehard dort erklärt, er würde dem Dietrich gerne nach Worms folgen, wan daz ich mit den Harlungen bin bekumbert gar. wist ich wem ich die lieze, mit in rûmt ich diu lant. Entsprechend heißt Fritila, der in der Thidrekssaga Eckehards Stelle einnimmt, fostri Egards ok Aka und Viđga, nach seiner Beteiligung an den Ereignissen hier eine deutliche Abspaltung von Eckehard, gilt als ihr Stiefvater. «von dem geslehtt der Harlinge» ist übrigens Eckehard auch nach der Vorrede zum Heldenbuch CXIV, 105, und so mag es wohl gekommen sein, daß Egard in der Thidrekssaga direkt als Harlung erscheint. Wenn ebd. Kap. 13, 269, 275 Aki, d. h. Hâche, Eckehards Vater nach deutscher Überlieferung, Aurlungatrausti genannt wird, so ziemte dieser Ehrenname eines Harlunge trôst (Grimm, Deutsche Rechtsaltertümer, 4. Aufl., 1, 383) am ehesten dem Eckehard. In der schwedischen Übersetzung der Thidrekssaga heißt Fritilia nur en af thera (der Brüder) man, thera man (vgl. oben Anm. 7), wie Eckehard in Dietrichs Flucht 4682 der Harlunge man genannt wird, er selbst ebd. 9822 und Rabenschlacht 864, 5 die Jünglinge als «mîne herren» bezeichnet, während im Rosengarten D 82 Hildebrand ihn umgekehrt den Herren der Harlunge nennt (wir nemen in ir herren: Eckehart muoz ouch mite). So ist er auch im Alphard 309, 3, 315, 1, 322, 4 in Breisach des hûses herre und versorgt als solcher die Gäste 308 ff., hier aber offenbar nach dem Tode der Harlungen. Im Biterolf ist er zwar ständig in der Umgebung der Harlungen gedacht, tritt aber kaum vor deren übrigen Begleitern Hache, Herdegen, Regenstein, Wachsmut hervor, mit denen zusammen er die Harlungen berät 5228, ihr Heer führt 6387, kämpft 10170, 10680, 12210. Ja er steht hinter Wachsmut entschieden zurück, der hier mehrfach (vgl. 5718 f., 5660, 9800, 10199) als erster unter den Mannen der Harlungen gedacht ist. — Saxo kennt den Eckehard überhaupt nicht. Eine entstellte Erinnerung daran, daß die Umgebung der Harlungen in ihrer Sage eine Rolle spielte, erkenne ich noch in der Angabe 1, 413: Optimates quoque convivii simulatione contractos eodem exemplo consumendos curavit; sie muß zusammengehalten werden mit den Anspielungen in Alphards Tod (314, 401) auf Verfolgungen, die Eckehard

nach dem Tode der Harlungen durch Dietrich im Auftrage Ermanrichs zu erdulden hatte; vgl. oben S. 21.

[18]) Die Vorrede zum Heldenbuch sagt geradezu: ein helt hiesz der getruwe Eckhartt von Brisach CXIV, 104, ein her der was genant der getruwe Eckhartt CXXIII, 395, ebenso CXXIII, 401, 405, CXXVI, 531. Ähnlich nennt ihn der Rosengarten ständig der getriuwe Eckehart A 289, 1, 290, 1, 292, 1, 154, 4 Hs. X; D 63, 1; Berliner Bruchstück ZfdA. 11, 252; dû getriuwer degen redet Hildebrand ihn an A 288, 2 und A 154, 4; da die Recken zu Ilsan ins Kloster reiten, heißt es sogar: mit in kom ouch Eckehart getriuweliche geriten. Und er pocht selbst auf seine Treue; als er Hagen im Rosengarten besiegt hat und Kriemhild ihm wie den übrigen Umarmung, Kuß und Rosenkränzlein bietet, da weist er diesen Lohn entrüstet zurück: ich enlân mich niht küssen eine ungetriuwe meit A 294. Der getriuwe man heißt er auch A 288, 3, 289, 3 wie Dietrichs Flucht 4692; Alphard 401 läßt den Dietrich bei der Begrüßung in Bern ihn anreden: dû treist ein getriuwez herze, dû wilt mich niht lân. Der Biterolf weigert ihm, wie er Eckehard allenthalben zurücktreten läßt, auch die ausdrückliche Anerkennung seiner besonderen Treue; überhaupt geben ihm die älteren Gedichte lieber allgemeinere Epitheta. Am öftesten heißt er der küene Alphard 375, 1, 376, 4, 377, 4, 380, 1, 415, 1, 444, 1, 449, 4, 465, 2, 466, 2, Rabenschlacht 864, 2, Dietrichs Flucht 10118; vereinzelt wird er dann Eckehart der degen, der recke, der wigant, ein mære wigant, der guote degen, der degen lobesam, der helt guot, der guote lobebære, mære, starke genannt. Hermann von Sachsenheim nennt ihn in der „Möhrin“ (vgl. unten Anm. 86) wohl auch den „getreuen“ (V. 822, 936, 3544), öfter aber den alten und weisen. Zweimal heißt er hier auch «der frumme» (V. 1121, 4642) und so hat Mone (Untersuchungen zur Geschichte der teutschen Heldensage, Quedlinburg und Leipzig 1836, S. 80) „der fromme Eckart“ als Namen eines Hauses im Dorfe Sunzheim nachgewiesen und noch Goethes Ballade (4, 2) nennt den Eckard „der fromme Gesell“. — In der mehr volkstümlichen Überlieferung seit dem Ausgange des 15. Jahrhunderts heißt er ständig „der treue“; vgl. die oben S. 48 ff. gesammelten Zeugnisse.

[19]) Aus Kapitel 281 geht hervor, daß er von einer Reise zu Thidrek zurückkam.

[20]) Es ist zu beachten, daß die Quedlinburger Annalen die gleiche Auffassung zeigen. Unmittelbar nach der in Anm. 8 ausgehobenen Notiz fahren sie fort: Theodoricum similiter, patruelem suum, instimulante Odoacro, patruele suo, de Verona pulsum apud Attilam exulare coegit.

[20a]) Agricola an der oben S. 49 angeführten Stelle berichtet ja: Der Eckhard . . . schuff vnd bracht also vil zu wegen, daß er mit anderer Helden hülffe den Ermentfride wider erwůrgete. Aber man muß Anstand nehmen, diese Angabe als selbständiges Zeugnis gelten zu lassen. Da Agricola sich ausdrücklich auf „das Buch der Helden“ beruft, so hat er wohl nur die beiden widersprechenden Angaben der Vorrede vereinigt.

[21]) V. d. Hagen, Minnesinger 3, 30a: Mir wart dâ gruoz und rede verzigen, Si sâhen hin ûz unde swigen Und heten ir herren sô verspart, Als ez wære künec Ermenrich Und ich der zornec Eckehart.

22) Koninc Ermenrikes Dôt. Ein niederdeutsches Lied zur Dietrichssage, aufgef. und hg. v. K. Goedeke, Hannover 1851.

23) Der Marner, hg. v. Ph. Strauch, Straßburg 1876 (Quellen und Forschungen, 14. Bd.), XV, 14: Sing ich den liuten miniu liet, sô wil der êrste daz, wie Dieterich von Berne schiet, der ander wâ künc Ruother saz, der dritte wil der Riuzen sturm, sô wil der vierde Ekhartes nôt. Zu der Formulierung vgl. den Titel, den das Nibelungenlied sich beilegt: der Nibelunge nôt.

24) Alphards Tod, hg. v. Martin (Deutsches Heldenbuch II) Str. 314: der mich wolde vertrîben durch den keiser Ermenrich, nû læt mich lîhte belîben von Berne her Dietrich; vgl. Str. 401 Dietrichs Worte: waz ich dir durch den keiser ze leide hân getân, des wil ich dich ergetzen.

25) Vgl. ebd. Str. 314 f., 375 ff., 444 ff., 465 f.

26) Rabenschlacht, hg. v. Martin (Deutsches Heldenbuch II), Str. 863 ff.

27) Dietrichs Flucht 9813 ff. Ribsteins üble Ratschläge ebd. 2567, 6870 ff., 9822 f. — In der Thidrekssaga wird weder Fritila noch Vidga ein Anteil an der Rache für die Harlungen zugeschrieben. Hier stirbt vielmehr Erminrik an einer widerwärtigen Krankheit nicht ohne Sifkas Zutun, der nach dem Tode seines Herrn sich des Thrones bemächtigt. Er fällt dann in der letzten Schlacht gegen Thidrek bei Greganborg. Eine ähnliche Auffassung von Ermanrichs Ende scheinen die leider zu allgemeinen Verse Dietrichs Flucht 2558 ff. anzudeuten.

28) Eigentlich sagt wohl nur das Heldenbuch ausdrücklich, Sibich habe dem Kaiser eines Tages geraten, er soltte sins brůder kinden ir land vnder ston vnd soltte in ein slossz nach dem andern angewinen CXXIII, 389. Die Thidrekssaga erzählt c. 281 nicht, daß Odilas und der Königin Verleumdungen der Harlunge auf Sifkas Veranstaltung erfolge; aber das geht natürlich aus dem Zusammenhange hervor und c. 282 heißt es ausdrücklich: oc er nu um þeirra alldr sua sem Sifca hafdi radit. Alphards Tod erzählt von der Ermordung der Harlungen überhaupt nichts; aber wenn von Eckehard, der den Sibich verfolgt, gesagt wird (445, 4): er suohte den ungetriuwen, der den rât hete getân, so hat man hier doch wohl Sibichs rât gegen die Harlungen, nicht den gegen Dietrich (Alph. 71) zu verstehen. Auf derselben Voraussetzung ruhen Eckehards Worte zu dem gefangenen Sibich, Rabenschlacht 864, 3: nû muost dû hangen! nû wol mich dirre reise wart! nû sint gerochen mîne herren. In Dietrichs Flucht 2565 heißt es, Sibich und Ribstein hätten gegen Dietrich geraten, nachdem «man» die Harlungen von ir leben hete verdrungen. Daß unter diesem man in einer dem epischen Stil geläufigen Art (vgl. Verf., Hilde-Gudrun, S. 84) die beiden eben genannten zu verstehen sind, lehren wieder Eckehards Worte an den gefangenen Ribstein (9822): nû hân ich der rehten einen . . . dû gewunne mir mîn herren an die getriuwen Harlungen. Bei Saxo 1, 413 erheben die Brüder allerdings von sich aus die Waffen gegen Jarmericus «avito nomine freti», indem sie behaupten, ihnen gebühre das Reich so gut wie ihrem Oheim; aber die deutsche Auffassung bricht deutlich durch, wenn Jarmericus nach Beendigung seines ersten siegreichen und vollkommen genügenden Feldzugs nach Germanien auf Bikkos Rat nochmals dahin ziehen muß und nun erst die Neffen fängt und hängen läßt.

[29]) So Alphards Tod 71 (vgl. 41, 3), Dietrichs Flucht 2565 ff., nicht im Heldenbuch vgl. oben, auch nicht in den Quedlinburger Annalen, wo allerdings ein Anstifter erscheint, der aber nicht Sibich, sondern Odoaker genannt wird, vgl. Anm. 20.

[30]) Dietrichs Flucht 2457: Ez gewan der künic Ermrich einen sun, der hiez Friderich, den er sît versande hin ze der Wilzen lande. daran man sîn untriuwe sach: nû seht wie er sîn triuwe brach an sînem lieben kinde! Heinrich von München hat das (W. Grimm, Deutsche Heldensage, S. 225) wiederholt mit der Entstellung hin in ein wildez lant. — Dieser Friedrich muß identisch gedacht werden mit jenem Sohne Ermanrichs, den der Vater im Kampfe gegen Dietrich im Stiche läßt. Die Vorrede zum Heldenbuch erzählt davon, nachdem sie die Gefangennahme der acht Helden Dietrichs durch Ermanrich berichtet hat CXXIII, 411: do hette ouch keiser Ementrich zwen siene, der hatte der Bernner den einen ouch gefangen. also schickett der Berner zu sim brůder king Ementrich, daz er ym soltt sin diner lassen lidig, so woltt er im sin sůn ouch lidig lon. do enbott der keiser Ementrich sim brůder wider vmb, er mohtt mit sim sůn dun, wz er woltte, do lege ym kein nod an; woltt er sin VIIj heild han, so mieste er ym als sin land lidig lossen vnd darzů sin sůn ouch lidig vnd zů fůsse en weg gon. Seine Helden zu lösen, muß Dietrich die Bedingungen erfüllen: vnd also gap der Bernner dem keiser sin sůn vnd sin land wider vnd loste sin heild vnd ging er vnd sin diener zů fůsz en weg. Von diesen Dingen findet sich einiges genauer in Dietrichs Flucht und hier heißt dieser Sohn Friedrich. Als Ermanrich, vor Raben von Dietrich geschlagen, entflieht, da läßt er seinen Sohn Friedrich mit vielen Mannen auf der Walstatt im Stich; Dietrich nimmt ihn mit 1800 Mann gefangen und führt ihn nach Bern, V. 3515 ff., 3573, 3836, 3908. Von seiner Auswechslung ist nicht die Rede, doch sagt auch hier Ermrich zu dem gefangenen Hildebrand 3847: mînen sun Friderich ich selbe ê verstieze, ê ich iuch leben lieze. — V. 8234 ff. wird weiter von ihm erzählt, daß er mit 12000 Mann in Padua liegt; bei einem Ausfall von Wolfhard geschlagen, muß er sich in die Stadt zurückziehen. Sibichs Sohn wird dann vor seinen Augen gehängt. Von seinen weiteren Schicksalen ist nichts mehr gesagt; offenbar aber muß das Gedicht seinen Tod, auf den V. 2457 f. angespielt ist, entgegen der Chronologie der Thidrekssaga in der Zeit nach der Vertreibung Dietrichs gedacht haben.

[31]) Die Stelle lautet: (Jordanis Getica, hg. v. Mommsen, MG., Auct. ant. V) c. XXIV, 129: Hermanaricus, rex Gothorum, licet multarum gentium extiterat triumphator, de Hunnorum tamen adventu dum cogitat, Rosomonorum gens infida, quae tunc inter alias illi famulatum exhibebat, tali eum nanciscitur occasione decipere. dum enim quandam mulierem Sunilda nomine ex gente memorata pro mariti fraudulento discessu rex furore commotus equis ferocibus inligatam incitatisque cursibus per diversa divelli praecipisset, fratres eius Sarus et Ammius, germanae obitum vindicantes, Hermanarici latus ferro petierunt; quo vulnere saucius egram vitam corporis inbecillitate contraxit. quam adversam eius valitudinem captans Balamber rex Hunnorum in Ostrogotharum parte movit procinctum, a quorum societate iam Vesegothae quadam inter se intentione seiuncti habe-

bantur. inter haec Hermanaricus tam vulneris dolore quam etiam Hunnorum incursionibus non ferens grandevus et plenus dierum centesimo decimo anno vitae suae defunctus est. cuius mortis occasio dedit Hunnis praevalere in Gothis illis, quos dixeramus orientali plaga sedere et Ostrogothas nuncupari. — Eine von der im Texte gegebenen etwas abweichende Übersetzung von Martens steht in den Geschichtsschreibern der deutschen Vorzeit, 6. Jh. 1. Bd., Leipzig 1884. Am meisten umstritten ist die Deutung der Worte: pro mariti fraudulento discessu. Vgl. über diese und andere Schwierigkeiten Jiriczek a. a. O., 1, 57 ff.

[32]) MG., SS. III, 31: Ermanrici, regis Gothorum, a fratribus Hemido et Serila et Adaccaro, quorum patrem interfecerat, amputatis manibus et pedibus turpiter, uti dignus erat, occisio.

[33]) MG., SS. VI, 23; statt Adaccaro steht hier aber Odoacro, welchen Fehler die Forscher, wie ich an anderem Orte ausführen werde, sehr mit Unrecht ohne weiteres auch in die Quedlinburger Annalen hineingetragen haben.

[34]) Ekkehardi Chronicon universale hg. v. Waitz, MG., SS. VI, 130. Nachdem er einen Auszug aus Jordanes gegeben, bemerkt der Verfasser: His perlectis diligenterque perspectis perpendat, qui discernere noverit, quomodo illud ratum teneatur, quod non solum vulgari fabulatione et cantilenarum modulatione usitatur, verum etiam in quibusdam cronicis annotatur, scilicet quod Ermenricus tempore Marciani principis super omnes Gothos regnaverit et Theodericum, Dietmari filium, patruelem suum, ut dicunt, instimulante Odoacare, item ut aiunt patruele suo, de Verona pulsum, apud Attilam Hunorum regem exulare coegerit, cum hystoriographus narret, Ermenricum regem Gothorum, multis regibus dominantem tempore Valentiniani et Valentis fratrum regnasse et a duobus fratribus Saro et Ammio, quos conicimus eos fuisse, qui vulgariter Sarelo et Hamidiech dicuntur, vulneratum, in primordio egressionis Hunorum per Meotidem paludem, quibus rex fuit Valamber, tam vulneris quam Hunorum irruptionis dolore defunctum fuisse u. s. w.

[35]) Vǫlsungasaga, hg. v. S. Bugge (Norrœne Skrifter of sagnhistorisk Indhold, S. 81—199). Der Text oben gibt die Übersetzung von Edzardi (Altnord. Heldensagen, übers. v. F. H. v. d. Hagen, 3. Aufl. Umgearb. v. Edzardi, Leipzig 1897) mit geringen Änderungen.

[36]) Die Lieder der Edda, hg. v. Sijmons I. (Germanist. Handbibliothek VII, Halle 1901), S. 466.

[37]) Die genauere Begründung für die hier und im Folgenden angedeutete Auffassung des literarischen Verhältnisses der nordischen Quellen, die von der bisher üblichen mehrfach abweicht, werde ich an anderem Orte geben.

[38]) Bei Sijmons a. a. O., in Übersetzung bei Gering, Die Edda, Leipzig und Wien o. J., S. 286 ff.

[39]) Vgl. darüber u. a. F. Jónsson, Den oldnorske og oldislandske Litteraturs Historie 1 (København 1894), S. 314 ff., E. Mogk in Pauls Grundriß der german. Philologie, 2. Aufl., 2, 652 ff.

[40]) Vgl. F. Jónsson a. a. O. 316 ff., E. Mogk a. a. O. 654 ff., dazu be-

sonders S. Bugge, Zeitschr. f. deutsche Philologie 7, 377 ff., 454; W. Ranisch, Zur Kritik und Metrik der Hamþismál. Dissert. Berlin 1888.

[41]) Gering a. a. O. 291 ff. — Eine Übersetzung von Rosa Warrens steht ZfdPh. 9, 338 ff.

[42]) Skáldskaparmál, Kap. 42 (Snorri Sturluson Edda udg. af F. Jónsson, København 1900, S. 189 f.).

[43]) Kvæþa-brot Braga ens Gamla Boddasonar hg. v. H. Gering, Halle 1886, S. 16 ff., dazu außer der älteren Literatur F. Jónsson bei Jiriczek a. a. O., S. 84 ff.

[44]) Müller-Velschow 1, 413 f., bei Herrmann a. a. O., S. 375 f.

[45]) Das Gedicht hat bisher nicht die verdiente Beachtung gefunden. Ich werde den umständlichen Beweis für die obigen Behauptungen an anderem Orte erbringen.

[46]) Ammiani Marcellini Rerum Gestarum Libri XXXI, 3, 1 (Rec. V. Gardthausen, Lipsiae 1875, 2, 237): Igitur Huni peruasis regionibus quos Greuthungis confines Tanaitus consuetudo nominauit, interfectisque multis et spoliatis, reliquos sibi concordandi fide pacta iunxerunt, eisque adiuti confidentius Ermenrichi late patentes et uberes pagos repentino impetu perruperunt, bellicosissimi regis et per multa uariaque fortiter facta uicinis nationibus formidati. qui ui subitae procellae perculsus quamuis manere fundatus et stabilis diu conatus est, inpendentium tamen diritatem augente uulgatius fama, magnorum discriminum metum uoluntaria morte sedauit. Eine Übersetzung von Coste in den Geschichtsschreibern der deutschen Vorzeit, Urzeit, 2. Bd., Leipzig 1879.

[47]) So sind die Namen von J. Grimm, Zeitschr. f. deutsches Altertum 3, 155 und allen anderen Forschern erklärt worden. Die abweichenden Deutungen Kögels (Gesch. der deutschen Literatur 1, 2, 217 f.) (Sarilo = der Erfindungsreiche, Hamtheo = ein Held, der Besonderes vermag, weil er infolge von Zauber unerkannt, in fremder Gestalt auftritt) sind geistreich, aber, als an besondere und vereinzelte Verwendungsweisen der betreffenden Wörter angeknüpft, nicht sehr wahrscheinlich.

[47a]) Und zwar um so mehr als Sarus, Σάρος als gotischer Name auch außerhalb unserer Sage durch Jordanes (Romana 321) und Olympiodor (IV, 58) bezeugt ist.

[48]) So Roediger, Zeitschr. des Vereins für Volkskunde, 1, 243, Sijmons in Pauls Grundriß der germ. Philologie, 2. Aufl., 3, 683.

[49]) Eine Zusammenstellung der mannigfachen Erklärungsversuche gibt Jiriczek a. a. O., S. 60 ff. Gewiß haben die Bemühungen, für den Namen eine geschichtliche Anknüpfung zu finden, bisher zu keinem überzeugenden Ergebnis geführt; aber auch die von Jiriczek nachdrücklich ausgesprochene Behauptung, daß der Name unbedingt episch sein müsse, ist eben doch nur eine Behauptung.

[50]) Saxo Grammatikus, hg. v. Müller und Velschow, 1, 79: Ferunt quidam Ulvildam tunc ei insecabilem ferro vestem donasse, qua circumamictus nullo telorum acumine laederetur.

[51]) Ebd. 1, 118: tunica ferrum spernente accinctus; daß die nymphae ihm diese insecabilis vestis geschenkt hatten (S. 122), war S. 112 f. nicht erzählt.

[52]) Ebd. 1, 179: der Held besitzt eine contemptrix ferri tunica. Hac in publicis privatisque conflictibus tanquam servatore salutis cultu utebatur.

[53]) Ebd. 1, 361: Heraldus Hyldetand hat von Othinus die Gabe erhalten, ut integritatis eius habitus ferro quassari non posset. Quo evenit, ut vulnifica aliis tela ad laesionem ei infligendam inhabilia redderentur. Zum Dank dafür hat Harald die Seelen aller von ihm Erschlagenen dem Othinus gelobt. Das Sǫgubrot af nokkurum fornkonungum erzählt Kap. 24 (Fornaldar Sǫgur² 1, 24) mit geringer Abweichung: var seitt at Haraldi konungi, at hann skyldi eigi bíta járn ok svá var síðan, at hann hafði aldregi hlíf í orrostu ok festi þó eigi vápn á hónum.

[54]) Ebd. 1, 31.

[55]) Ebd. 1, 113: Nam ne ferro quidem sacram corporis eius firmitatem cedere perhibebat. Vgl. Snorra Edda, Gylfaginning c. 48.

[56]) Man findet solche gesammelt bei H. Gering, Über Weissagung und Zauber im nordischen Altertum. Rektoratsrede, Kiel 1902, S. 17, 28 f.

[57]) Das hohe Alter dieser Motivs bezeugt Theopompos, der in seinen Philippischen Geschichten (Rohde, Der griech. Roman, 2. Aufl., S. 221) von den Einwohnern der Kriegerstadt Machimos erzählt, daß sie im Kampfe mit Steinen und Holzkeulen erschlagen werden müßten, weil kein Eisen sie verwundet.

[57a]) F. Liebrecht in Pfeiffers Germania, 22, 21 ff. (= Zur Volkskunde, Heilbronn 1879, S. 267 ff.); B. Schmidt in Fleckeisens Jahrbüchern 1893, S. 369 ff., W. H. Roscher in den Abhandlungen der kgl. sächs. Gesellsch. der Wissenschaften, phil.-hist. Klasse 17 (1897), Nr. 3.

[58]) a. a. O. S. 37 f.

[59]) Beispiele aus nordischen Quellen hat Gering gesammelt in seiner Ausgabe der Eyrbyggjasaga (Altnordische Sagabibliothek VI, Halle 1897), S. 74, Anm. zu c. XX, 20; für andere Völker findet man Belege bei Schmidt und Roscher a. a. O.

[60]) Snorra Edda, Gylfaginning c. 48 (Jónsson a. a. O., S. 57): vex viðar-teinungr einn fyrir vestan Valhǫll; sá er mistilteinn kallaðr; sá þótti mér ungr at krefja eiðsins.

[61]) Ich glaube darum auch nicht, daß Bugges gewiß geistreiche Erklärung des verzweifelten Verses Hamþésmǫl 23, 1 þvi at pat heita at hlyþigi myni (vgl. die Übersicht über die verschiedenen Versuche, ihn zu bezwingen bei Jiriczek, a. a. O., S. 92, Anm. 1) das Richtige trifft; die alte Sage hatte dies Motiv („Wenn einer der Brüder das Stillschweigen unterbricht, wird der Zauber, der sie schützt, gelöst") nicht nötig. An sich wäre es freilich sinnreich und durchaus am Platze. Ich habe Hilde-Gudrun S. 217 belegt, daß das Gesetz der Elbe, nach dem kein Sonnenstrahl sie treffen darf, sich auch auf ihre Gaben bezieht: ein Zaubertopf, der alles spendet, was man bedarf, verliert seine Kraft, als er von der Sonne beschienen wird; Zauberwässer wollen vor Sonnenaufgang geschöpft sein. Eine wie große Rolle aber das Schweigen in allen Alpsagen spielt, ist bekannt genug; Laistner hat das Motiv in seinem Rätsel der Sphinx schön und geistreich erklärt. Nicht nur der Name des Elben darf nicht genannt werden, wenn man ihn nicht verscheuchen will („Namenrätsel": Lohengrin und seine Sippe), man darf nicht einmal anderen von ihm erzählen und wer es doch

tut, verjagt nicht bloß den Elben, sondern verliert, was er von ihm geschenkt erhielt. So ist ein weitverbreiteter, auch literarisch viel behandelter Märchentypus (ich habe ihn jüngst unter der Bezeichnung „Die gestörte Mahrtenehe“ in meiner Ausgabe des Seifrid de Ardemont, Bibliothek des lit. Vereins, 227. Bd., S. LXXII ff., kritisch behandelt) völlig auf das Motiv gestellt, daß die elbische Gattin und ihre Gaben verloren gehen, sobald der Held davon spricht. Auch die Sage vom treuen Eckart (s. oben S. 53 f.) zeigt beide Momente schön verbunden. „Hättet Ihr nicht geschwiegen, so hätten sie Euch die Hälse umgedreht!“ sagt er den Kindern, die Frau Holle schweigend haben vorüberziehen lassen; aber auch der Segen in ihren Bierkrügen hält nur so lange nach, als sie von der Sache schweigen. Also auch hier überträgt sich das Motiv vom Elben auf seine Gaben: Reden verscheucht nicht nur den Lur, sondern auch das Lurod. Jeder weiß ja, daß zahllose Sagen von Erlösung eines Elben nicht nur, sondern auch der Hebung elbischer Schätze fordern, daß dabei unverbrüchliches Schweigen beobachtet werde. So ließe sich also an sich sehr wohl als altes Motiv denken, daß der Zauber in den von Gudrun geschenkten Rüstungen nur so lange vorhielt, als die Jünglinge schweigend fechten.

[62]) Parallelen dazu verzeichnen J. Grimm, ZfdA. 3, 157, Kögel, Gesch. der deutschen Literatur, 1, 2, 216 A., Symons bei Jiriczek a. a. O., S. 110.

[63]) Vgl. etwa den verbreiteten Typus von den drei Lehren (Ruodlieb und seine Sippe) oder das so häufige Motiv „Vergiß das Beste nicht!“ u. ä.

[64]) Hamþésmǫl 11, 3 liþo þá unger mǫrom húnlenzkom, 14, 2 mær of lék á mars bake; vgl. Guþrúnarhvǫt 7, 4 hlóþosk móþger á mara bógo.

[65]) Vgl. hierüber Bugge, Erpr og Eitill. (Skrifter udg. af Videnskabsselskabet i Christiania 1898, II. Hist.-filos. Klasse, Nr. 5), S. 5.

[66]) Vgl. die Svanailta, Svanihilt der oben S. 60 zitierten deutschen Urkunden. In diesen Namen hat das erste Kompositionselement Swana-, Swanimeines Erachtens mit „Schwan“ nichts zu tun; es ist vielmehr eine Ablautsform zu sôna-, sôni- (vgl. Sônihilt Förstemann 1116), die aus swôna-, swôni- entstanden ist, vgl. mittelniederdeutsch swône, mittelniederländisch zwoene. Zu dieser Auffassung stimmt die bisher in diesem Zusammenhange nicht beachtete Tatsache, daß Karl Martells zweite Gattin, die Nichte des Baiernherzogs Odilo, die er 725 aus Baiern fortgeführt hatte, in den Quellen bald Sonichilde, bald Swanahilde genannt wird, vgl. z. B. Annales Einhardi ad a. 741 (MG., SS., 1, 135) gegen Annales Mettenses zum selben Jahre (ebd. 1, 327) und die anderen Stellen bei Breysig, Jahrb. des fränk. Reichs von 714—741, Leipzig 1869, S. 53 f., 102 und Hahn, Jahrb. des fränk. Reichs 741—752, Berlin 1863, S. 16 f.

[67]) Für das Zerreißen durch Pferde hat J. Grimm, Deutsche Rechtsaltertümer, 4. Aufl., Berlin 1900, 2, 273 f. viele Beispiele gesammelt, für das Zertreten nur unsere Sage; doch gibt F. Liebrecht, Zur Volkskunde, Heilbronn 1859, S. 297 ff., auch hierfür weitere Belege.

[68]) Ganz regelmäßig fand dies „Einsacken“ beim Ertränken statt (J. Grimm, a. a. O., 2, 278 ff.), die Þorsteinssaga Vikingssonar c. 6 erzählt aber auch von einer zur Steinigung verurteilten Zauberin (vgl. Swanhilds angebliche Zauberkunst bei Saxo!): Þeir tóku hana ok drógu belg á hǫfud henni ok grýttu

hana til heljar. Genau zu unserer Sage stimmt, was Liebrecht a. a. O. (nach d'Ohsson, Historire des Mogols IV, 5) von dem Mongolenchan Hulagu erzählt, der bei der Einnahme von Bagdad i. J. 1258 den Kalifen Mostarem und dessen Bruder Abderahman in Säcke stecken und von Pferden tottreten ließ.

[69]) Jordanis Getica c. XIV (77, 8), XLVIII (122, 9 f.); Cassiodor, Variarum XI, 1 (ed. Mommsen MG., Auct. ant. XII, 330, 20). Daß von da aus die Rolle des Randverr-Broderus erfunden wäre, läßt sich nicht begründen.

[70]) Vgl. Rieger, Zeitschr. für deutsche Mythologie, 1, 235, Heinzel, Ostgot. Heldensage, Sitzungsber. der Wiener Akad., Phil.-Hist. Kl. 119, 1889), S. 5; dagegen Jiriczek a. a. O., S. 134 A. — Ob der Widsid V. 124 genannte Freoþeric mit Ermanrichs Sohne identifiziert werden dürfe, ist sehr zweifelhaft.

[71]) Im Codex diplom. Brandenburgensis hg. v. Riedel, 8, 109, 111, 112, 118, 127, 133, 147, 458; 9, 141 ist der Berg von 1173—c. 1500 unter den Namen Harlunge(n)berg, Harlungberch, mons Harlungorum bezeugt.

[72]) Geschichte der deutschen Sprache[4], Leipzig 1880, 1, 330. J. Grimm sind viele gefolgt. Müllenhoff, der Hypothese früher gleichfalls geneigt, hat sich später (ZfdA. 30, 222) mit gewohnter Entschiedenheit dahin ausgesprochen, daß in den Harlungen nur sprachliche oder geschichtliche Torheit die Heruler suchen könne.

[73]) G. Mathaei, Rüdiger und die Harlungensage. Zeitschr. für deutsches Altertum, 43, 305 ff.

[74]) Getica c. XXIII (117).

[75]) locum ubi antiquitus castrum fuit qui dicitur Herilungoburg in einer Urkunde Ludwigs des Deutschen a. 832 Monumenta Boica 28, 1, 21; ebd. ein Herilungovelt. — Pez, Thesaurus anectodorum I, 3, 16, 22, liest Harlungeburch und -uelt.

[76]) Vgl. für den Brandenburger Berg Platner in den Forschungen zur deutschen Geschichte 17, 453 ff., für Pöchlarn Mathaei a. a. O.

[77]) Am meisten Verlockendes könnte es allenfalls noch haben, das Schicksal des «Brentorum rex» Sindwald, «qui adhuc de Herulorum stirpe remanserat» (Paulus Diaconus, Hist. Langob. l. II, c. 3) mit dem Ende der Harlungen in Verbindung zu setzen, da er durch Narses besiegt und gehenkt ward und in Sibich, auf dessen Betreiben die Harlungen gehenkt werden, wirklich Elemente von Narses fortleben. Aber auch dieser Vergleichung ist der Boden entzogen, da Sindwald, worauf Mathaei jetzt (Zeitschr. für deutsches Altertum 46, 48 Anm.) selbst aufmerksam macht, wahrscheinlich in dem Sindolt fortlebt, den „Dietrichs Flucht" unter den Mannen Dietrichs von Bern nennt.

[78]) Harlungenberge liegen auch bei Leisnig und bei Goslar, s. die Nachweisungen in der Zeitschr. für deutsches Altertum 15, 312 f., und bei Österley, Geogr. Wörterbuch des Mittelalters, Gotha 1883, S. 256.

[78a]) Allerdings lassen sich Weiterbildungen von Volksnamen mit Suffix -ing belegen wie Sahsinc, Swabinc, Winidinc (vgl. Uhland, Schriften 8, 78), aber das sind persönliche Eigennamen und die Berge müßten, nach solchen genannt, Herlingsberg, mons Herulungi heißen, nicht Harlungenberg, mons Harlungorum. Es gibt in der Tat solche vermutlich nach einem Herling als Besitzer oder Anwohner genannte Herlingsberge. W. Hertz a. a. O., S. 221, 222

führt solche aus Thüringen und der Grafschaft Pyrmont an; eine niedersächsische Volksburg «Herlingsburg» finde ich in der Westd. Zeitschr. f. Geschichte und Kunst, 21, 226 erwähnt.

[80]) In diesem Gedichte schickt Biterolf seine Boten auch an die Harlungen, an Wachsmut, Regenstein und Eckehard 4771, dieser rät den Harlungen, die begehrte Hülfe zu bringen 5228, führt neben Wachsmut, Hache und Herdegen ihr Heer 6387, wird von Hildebrand gegen Boppe bestimmt 7708, kämpft mit den Harlungen gegen die Sachsen und sticht einen von ihnen nieder 10170, reitet mit Wachsmut zusammen dem Herbort und Boppe entgegen und wird von diesem abgestochen, Hache kommt ihm zu Hülfe 10226, kämpft tapfer 10680, 12210.

[81]) Der Kampf im Rosengarten zeigt ihn auf Dietrichs Seite, nach Roseng. A 100, 4, 288 ff. kämpft er siegreich gegen Hagen, nach C gegen Pusold, F IV, 26, 27 wird er gegen Herbort bestimmt. In D erbietet er sich mitzuziehen, kommt aber nachher nicht mehr vor. In A 288, 4 rühmt Hildebrand, als er Eckehard zur Beteiligung auffordert, ihm nach: dû hâst bî dînen zîten gar grôziu dinc getân.

[82]) Alphards Tod 380, 3. — Auch im Biterolf heißt es 12210: daz Eckehardes swert erklanc dem recken (d. i. eben Eckehard, nicht Hache, wie HS.[3] 158 angenommen wird) lûte an sîner hant, so daß man wohl annehmen muß, der Verfasser habe es als ein berühmtes Schwert gekannt. Allerdings wird es in der Aufzählung solcher 12261 ff. nicht mit genannt. — Zu dem Namen Gleste vgl. Snorra Edda, Skáldskaparmál c. 75 (F. Jónsson S. 202) wo liómi „Glanz" unter den skaldischen Benennungen des Schwertes genannt wird; der Beowulf nennt es beado-leóma, hilde-leóma „Kampfglanz". Sigrliómi „Siegglanz" heißt Hrólfr Krakis Schwert in der Sorla Saga Sterka (FAS. III), c. 18, vgl. Uhland, Schriften zur Geschichte der Dichtung und Sage 8, 87 f.

[83]) Biterolf 10226: Boppe stach Eckeharden nider. Von den schulden daz geschach, Daz Ruschen daz fürbüege brach: Alsô was sîn ros genant. — In Alphards Tod 445 reitet der Held das Roß Röschlin, das um sich schlagend und beißend dreihundert vertreibt. Das Adj. rosch, rösch ist eine im Mhd. häufige, mundartlich noch verbreitete Nebenform zu schriftsprachlichem rasch.

[84]) Die schwedische Übersetzung überschreibt Kap. 235 geradezu Fritilia varnar Eggerd och Ake; in der norwegischen Fassung kommt der Ausdruck nicht vor. Guten Rat erteilt Eckehard auch in Alphards Tod Str. 411, 415; als Warner könnte man ihn allenfalls auch Biterolf 9888 f. aufgefaßt finden, wenn er dort den Harlungen voraussagt, daß sie von ihren Feinden Prügel bekommen werden, worüber Imbrecke lacht.

[85]) Johann Agricola, das ander Teyl Gemeyner Deutscher Sprüchwörter, Nürnberg 1529, Bl. 137 f.; ich zitiere jedoch oben nach der mir allein zugänglichen Ausgabe von 1558, S. 358 ff. Der Text Agricolas wird mit geringen Änderungen wiederholt von Sebastian Franck, Sprichwörter, Schöne, Weise Klugreden, Frankfurt 1548, S. 117 ff. und in den zahlreichen folgenden Ausgaben. — Schon 1513 steht in dem Gedichte „Die welsch Gattung: ich warn euch als der treu Eckart" Zeitschr. f. deutsches Altert. 15, 332. Hans Sachs hat das Sprichwort im Auge, wenn er („Fabel der zweyer Gesellen mit dem beeren"

Werke, hg. v. Keller-Götze 9, 178) sagt: „ein mann verseh sich all sein tag, wo er hab auch einen gesellen, der vil verheist und thut sich stellen, als ob er sey der trew Eckhart". Auch Aventin bezeugt das Sprichwort (oben S. 51) und Goethe war es noch lebendig („Vergebliche Müh'": Willst du der getreue Eckart sein Und Jedermann vor Schaden warnen, S' ist auch eine Rolle, sie trägt nichts ein: Sie laufen dennoch nach den Garnen).

Wenn in Hans Sachsens Komödie „Der kampff mit fraw Armut unnd fraw Glück" vom 5. September 1554 (Werke, hg. v. Keller, 12, 265 ff., Lit. Ver. CXL, Tübingen 1879) «der trew Eckhart» die beiden einführt und das Stück mit moralischer Deutung und Nutzanwendung beschließt, so ist auch diese Rolle wohl der Auffassung Eckhards als des typischen Warners entsprungen; Jörg Wickram von Kolmar hatte ihn in gleicher Rolle schon 1538 in seinem Fastnachtsspiel „Der trew Eckart" verwendet und noch im 17./18. Jahrhundert nützt der Dr. phil. et med. Joh. Christoph Ettner (vgl. über ihn Wendeler, Briefwechsel des Freih. K. G. H. v. Meusebach mit J. und W. Grimm, Heilbronn 1880, S. 363 f.) den treuen Warner zu Büchertiteln wie: Deß getreuen Eckharts unwürdiger Doctor 1697, Deß getreuen Eckharts Medicinischer Maulaffe Oder der Entlarvte Marckt-Schreyer 1719, Deß getreuen Eckharts verwegener Chirurgus u. s. w. — In dem Markgrafen Eckewart, der im Nibelungenlied (hg. v. Bartsch, Str. 1631 ff.) mit blankem Schwert die Grenze hütet und die Burgunden warnt, sind der Markgraf Eckewart und der treue Eckehard zusammengeflossen, wie denn besonders in den Handschriften des Rosengartens unser Held sehr oft Eckewart genannt wird.

[86]) Hermann von Sachsenheim, hg. v. Martin, Tübingen 1878 (Bibl. des literar. Ver. 137. Bd.), S. 46 ff. Nach diesem Gedicht wird „der trew Eckart" mehrfach von Fischart zitiert, vgl. die Stellen bei Martin S. 1 und unten Anm. 125.

[87]) Hans Sachs, hg. v. Keller 14 (Bibl. des literar. Ver., 159. Bd., Tübingen 1882), S. 3 ff.

[88]) Alte hoch- und niederdeutsche Volkslieder, hg. v. Ludwig Uhland, Stuttgart 1845, 2. Bd., Nr. 297, A. 15; Erk-Böhme, Deutscher Liederhort 1 (Leipzig 1893), 39 ff.

[89]) Die Tannhäusersage verschmolz mit den Andeutungen des Heldenbuchs und der Rattenfängersage L. Tieck in seiner bänglich schwülen Novelle „Der getreue Eckart und der Tannenhäuser", zuerst erschienen in den Romantischen Dichtungen 1799, dann im 1. Teil des Phantasus; Schriften (Berlin 1828), 4, 173 ff.

[89a]) Bayerische Chronik, 1. Buch, Kap. 86 (Johann Turmairs gen. Aventinus Sämmtliche Werke hg. v. der K. Akad. d. Wissensch., 4. Bd., München 1883, S. 185).

[90]) Man wird doch kaum denken dürfen, daß unter dem Gedicht die Möhrin Hermanns von Sachsenheim zu verstehen sei. Heinrich Pantaleon, Das Erste Theil Teutscher Nation Heldenbuch, Basel 1568, „Vorred", S. 2, nennt ebenfalls den „getreuwen Eck" unter denen, die neben Thieterich von Bern, Meister Hildebrandt, Hörnen Seyfridt u. s. w. „von dem gemeinen volck in liederen vnd Meistergesangen geprisen werden". Vgl. auch das Zeugnis des Marners oben

Anm. 23. Auch in einem Meisterliede einer Weimarer Handschrift des 14./15. Jahrhunderts (v. d. Hagen und Büsching, Literar. Grundriß z. Gesch. d. deutsch. Poesie, Berlin 1812, S. 503) heißt es: man sagt von Parcifale, von Tyterel vnd Gamoret, von Eckart vnd Achile.

[91]) Mannhardt, Germanische Mythen, Berlin 1858, S. 264.

[92]) Merkwürdige und auserlesene Geschichte von der berümten Landgrafschaft Thüringen, S. 25 f.

[93]) Witzschel, Kleine Beiträge zur deutschen Mythologie u. s. w. in Sagen und Gebräuchen aus Thüringen 1 (Wien 1866), 130 ff.

[94]) Daß der treue Eckart auch vor dem Eckardsberge bei Zittau sitze, ist vielleicht nur eine Erfindung Köhlers, vgl. K. Haupt, Sagenbuch der Lausitz, Leipzig 1862, 1, 121. — Über einen Teppich aus dem Anfange des 15. Jahrhunderts, der den „Vater Eckehart" vor dem Berge sitzend zeigt, werde ich an anderem Orte ausführlicher handeln.

[95]) Volksüberlieferungen von einem unbenannten oder anders als „Eckart" genannten Warner, der dem wilden Heere voranschreitet, hat W. Hertz zusammengestellt, a. a. O., S. 90, 235 f.; diese Zeugnisse ließen sich sehr vermehren. Ist an den treuen Eckard gedacht, wenn fränkischer Volksglaube „das wütheninge Heer" in dem tollen Jägersgraben von Eckartdshausen nach Föhrta seinen regelmäßigen Weg nehmen läßt (Wucke, Sagen von der mittleren Werra, Eisenach 1891, S. 147)?

[95a]) Einige jüngere Zeugnisse, in denen die Vorstellung von dem treuen Eckard, der warnend vor dem wilden Heere schreitet, als speziell thüringisch bezeichnet wird, s. bei Hertz a. a. O., S. 237.

[96]) Saturnalia Absurditatis seu Deliramenta Superstitiosa, Quibus abjectum vulgus, ut Rustici, Servi, Ancillae, & inepti quivis, hinc inde, proh dolor! in Germania gaudent, in SS. Natalitiis Christi; & venerandum Festum Genethliacum Salvatoris impie & execrabiliter profanat. Theologicè, Philologicè & Historicè ex magnâ Variorum Autorum Farrigine, & multijugâ Experientiâ Collecta, et hic Insuper damnata et argutè exagitata, â M. Johanne Prætorio, P. L. C. Lipsiæ, Typis et Sumptibus Johannis Wittigau. Anno MDCLXIII. [So lautet der Titel in dem von mir benutzten Exemplare der Hof- und Staatsbibliothek in München, während die Schriften zu unserer Sage, ebenso wie Goedeke [2] 3, 238 und Zarncke, ADB. 26, 524 angeben: Saturnalia Das ist Eine Compagnie Weihnachtsfratzen, Leipzig 1663], S. 403 f. — Prätorius erwähnt den treuen Eckart in demselben Werke nochmals S. 406. Er erzählt dort, daß ein sonst furchtloser Pfarrer in Kraben bei Salfeld doch „niemaln trauen wollen auff Weynachten; Weil da das Gespenste trefflich geschäfftig wehre und nicht Feyerabend hielte: Welches sonderlich nach seinem Vrtheil daher rührete, weil Herodes vorweilen umb diese Zeit die unschüldigen Kinder hatte tödten lassen, durch seine wütende Rotte oder streiffendes Krieges-Heer. Vielleichte ist daher noch übrig des treuen Eckarts Exercitus monstrosus Lemurum etc." Auch S. 395 ist schon einmal die Rede „von dem Treuen Eckart und seiner Rotte: Der in Fasenachten in Düringen 2c. herüm streiffen soll". Ebenso spricht Prätorius in seinem späteren Werke „Blockes-Berges Verrichtung Oder Ausführlicher Geographischer Bericht von den hohen

trefflich alt- und berühmten Blockes-Berge" u. s. w., Leipzig 1668, S. 515 nochmals „von dem treuen Eckhard, welcher auch mit seiner wütenden Rot sich sonderlich sol sehen und hören lassen um die H. Fasten und solches zwar weit und breit. Sintemal wie ich gehöret auch zu Nürnberg daz Wesen bekant ist, alwo die Leut auß Uppigkeit oder wegen verwegenheit auf die Wege oder auff die Gassen, auff dem Land nemlich lauffen sollen, solche streiffende Rotte anzusehen." Vgl. ebd. S. 15 ff. die Anführungen aus Heider, Agricola, Aventin u. a.

[97]) Joh. Heinr. v. Falckenstein, Thüringische Chronika, Erfurt 1738, 1, 166 unter Berufung auf Christoph Philipp v. Waldenfels Selectae Antiquitates p. 376, die ich nicht einsehen kann; weitere Zeugnisse für den treuen Eckard aus ihnen verzeichnet Jänicke, ZfdA. 15, 331.

[98]) Der Zusammenhang ist erkannt von L. Laistner, Das Rätsel der Sphinx, Berlin 1889, 2, 415 ff.

[99]) Vgl. etwa die Zusammenstellungen bei E. H. Meyer, Germanische Mythologie, Berlin 1891, S. 246 ff.

[100]) Vgl. die Sammlung bei F. Liebrecht, Des Gervasius von Tilbury Otia imperialia, Hannover 1856, S. 201 ff., dazu H. Jahn, Volkssagen aus Pommern und Rügen, Stettin 1886, S. 8, 15, 29.

[101]) Caesarii Heisterbacensis Dialogus Miraculorum hg. v. Strange, Cöln 1851, S. 330 (Dist. XII, Kap. 20).

[102]) Speculum historiale Lib. XXIX, Kap. 120.

[103]) Vgl. z. B. Haas, Rügensche Sagen und Märchen, Stettin 1896, S. 16.

[104]) U. Jahn, a. a. O. S. 5, nach E. M. Arndt, Märchen und Jugenderinnerungen[2] 1, 336 f.

[105]) Hier wäre auch an Bolfriana, die Gattin Akis, und ihr Liebesverhältnis zu Iron, dem großen Jäger, zu erinnern, von dem die Thidrekssaga ausführlich erzählt. Doch müßte einer Beleuchtung dieser Geschichte eine Kritik der sehr interessanten Ironsage vorausgehen, die wir an anderem Orte zu geben gedenken. Einstweilen sei für unseren Punkt auf die Bemerkungen von Mathaei (Zeitschr. für deutsches Altertum 43, 328) verwiesen.

[106]) Späte Erfindung, ohne Wert für die Erkenntnis ihres Wesens, ist, was der Biterolf von der Beteiligung der Harlungen an Dietleibs Kampf gegen Gunther erzählt. Sie gelten hier als Verwandte Dietleibs, von seiner Mutter Dietlind her ihm versippt, daher Biterolf neben Dietrich und Ermanrich auch gleich an ihre Hülfe denkt 4593 f. und ihnen Botschaft sendet 4762 f. Sie versprechen ihm mit 1700 Mann zuzuziehen 5213 f., bringen in Wirklichkeit dreitausend aufs Lechfeld 5653 f., lassen dem Gunther durch Rüdeger absagen 6379 f., werden von Hildebrand dem Liudegast und Liudeger als spezielle Gegner bestimmt 7630 f., helfen dem Wolfhard im Turnier gegen Ortwin, wo ihnen Walthers Mannen sich entgegenstellen 8764 f., reiten mit einer kleegrünen Fahne in die Schlacht 9800 f., kämpfen gegen Liudegast und Liudeger 10162 f., und sonst 10199 f., 10243 f., 10673 f., 11119 f., sind auch unter den Fürsten, die Rüdeger seine Fahne kampflich ans Tor von Worms tragen helfen 11643 f., 12090 f. Bei

der Rückkehr des hunnischen Heeres ziehen sie mit bis auf den Gunzenleh, um dort erst sich zu verabschieden 12 855 f.

[107]) Im Frühling und Herbst jagt das Mutesheer bei Betzingen (E. Meier, Deutsche Sagen, Sitten und Gebräuche aus Schwaben, Stuttgart 1852, 1, 128) wie der wendische Pan-Dietrich (K. Haupt, Sagenbuch der Lausitz, Leipzig 1862, 1, 123) und der wilde Jäger in Norddeutschland (A. Kuhn und W. Schwartz, Nordd. Sagen, Märchen und Gebräuche, Leipzig 1848, S. 427). Zu Faßnacht zieht das Guetisg'heer im Aargau (Rochholz, Schweizer Sagen aus dem Aargau, Aarau 1856, S. 91), zu Faßnacht oder zur Fastenzeit Eckart mit seiner wütenden Rotte in Thüringen und um Nürnberg (nach Prätorius, oben Anm. 96) ebenso wie das wilde Heer in Westfalen (A. Kuhn, Westfälische Sagen, Leipzig 1859, 2, 13), am Fastnachtsdonnerstag bei Mansfeld nach Agricola oben S. 53; am Aschermittwoch jagt der Teufel Holzweiber (J. Grimm, Mythologie 3, 449, 468), der Schimmelreiter erscheint am Bielstein zu Fastenzeit und Himmelfahrt (H. Pröhle, Harzsagen², S. 236), bei Vach zu Weihnachten und in der Johannisnacht (Witzschel a. a. O. 2, 293), Hackelberg hält seinen Auszug im Juni (Schambach und Müller, Niedersächs. Sagen und Märchen, Göttingen 1855, S. 73) u. s. w., vgl. noch E. H. Meyer, German. Mythologie, Berlin 1891, S. 235.

[108]) Die Volksüberlieferung nennt von den gejagten Tieren wohl speziell Eber, Hirsch, Reh als das übliche Wild der großen Herren, aber auch die Taube (gerade diese natürlich in ihrer bekannten Eigenschaft als Seelenvogel). Der Wode in Rügen jagt unter den Tieren alles räuberische Gesindel, welches zur Nachtzeit auf Beute schleicht: Wölfe, Füchse, Luchse, Katzen u. s. w. und von Menschen: Mörder, Diebe, Räuber, Hexen und Hexenmeister u. s. w., s. oben, S. 55 und Anm. 104.

[109]) Vgl. J. Grimm, Mythologie⁴ 2, 767. — Hier stehe (nach A. Stöber, Sagen des Elsasses, St.-Gallen 1852, S. 433 f.) ein altes Zeugnis aus dem Breisgau, das uns hier, an der Stätte unserer Sage, alle Elemente derselben in einer Manifestation des wilden Heers beisammen zeigt. In Trausch Straßburger Chronik steht zum Jahre 1516 folgender Bericht: „Wunderzeichen vndt Geschicht das wüettendt Hör genannt. Disses Jahr nit allein, sondern auch veil Jahr her, hatte man ihn allen Landten, insonder ihm Elsass, Brissgaw vndt anders wo das Wüetten-Hör genandt, nit allein bey Nacht, sondern auch am Tag, ihn Wäldten vnd Bergen gehört. Bey Nacht lieffen sie mit Drummen vndt Pfeiffen uber die Feldter, auch durch die Statt mit grossem Geschrey, mit Liechtern. Solche Gespenst lieffen etwann 50, 80, auch offt 100 vndt 200 miteinander. Der Ein drug den kopff, der Ander daß Kröß ihn Händen, etwann ein Arm oder Schenkel, wie sie im Krieg wahren vmb kommen. Sie hatten Liechter mit Lauffen, also daß man sie erkennen möchte, wer sie sindt gewesen vndt zuuor ahn ihn kriegen vndt anderswo vmb kommen. Es lieff alwegen Einer vorauß, der schreye stetzs: abweg, abweg, das Niemandt nichts schähe . . . Zuo Freyburg sahe ein Weib iren Mann, der im Krieg vmb kommen was, auch also im Hauffen lauffen, dem was der Kopff von einander, die lauffe zuo ihm vndt bande ihm den Kopff mit ihrem Schleyger zuosammen; der batte sein Frav vmb ettliche Sehlmessen", u. s. w.

[109a]) Diesen nach Eckard und den Harlungen als Anführern des wilden Heeres genannten Bergen entsprechen die zahlreichen Wodanberge oder der Dietrichsberg bei Dittersbach, in dem (Haupt, Sagenbuch der Lausitz, S. 121, 123) die von Berndietrich geführte wilde Jagd wohnt.

[110]) Dist. I, Cap. 11 und Dist. IV, Cap. 14. Vgl. darüber Uhland, Schriften zur Geschichte der Dichtung und Sage, Stuttgart 1873, 8, 195 ff.; Liebrecht, Zur Volkskunde, Heilbronn 1859, S. 27 f. Durch den Wald „Harleshohe" zieht die wilde Jagd bei Wolf, Deutsche Märchen und Sagen, Leipzig 1845, S. 578.

[111]) Vgl. Uhland a. a. O., 177 ff. Die Stelle von dem Warner lautet: Tandem quatuor mespileas arbores in agro procul a calle prospexit (der Priester), ad quas latitandi causa, donec equitatus pertransiret, cito divertere voluit. Verum quidam enormis staturae, ferens ingentem maxucam, Presbyterum properantem praevenit et super caput eius levato vecte dixit: «Sta nec progrediaris ultra!» Mox Presbyter diriguit et baculo, quem bajulabat, appodiatus immobilis stetit. Arduus vero vectifer juxta eum stabat et nihil ei nocens praetereuntem exercitum exspectabat. — «maxuca» und «vectis» erinnern an den weißen Stab, den Eckehard vor dem wütenden Heere schreitend trägt; die Worte «Sta nec progrediaris ultra!» entsprechen dem in Deutschland vielbezeugten Rufe des Warners „Ausm Weg!" bez. „Midden in Weg!" und dergleichen.

[112]) So Kögel, Geschichte der deutschen Literatur 1, 2, 214.

[113]) Vgl. hierüber besonders F. Vogt, Die schlesischen Weihnachtsspiele, Leipzig 1901, S. 88 ff.

[114]) Mit dem oben Gesagten ist freilich nicht erschöpft, was eine gründliche Behandlung der Harlungensage vorzutragen hätte; es bliebe da noch gar manche komplizierte Erwägung übrig.

Ein Wort sei hier nur noch über die Figur des Sibich gesagt. Ihre Herkunft und ursprüngliche Stellung in der Sage zu bestimmen, ist ganz besonders schwierig. Zeigt sich doch schon in der Benennung eine auffallende Doppelheit. Daß der Sifka der Thidrekssaga dem Sibich der deutschen Überlieferung entspricht, ist ja klar; seltsamerweise aber heißt der treulose Ratgeber in den nordischen Zeugnissen der Swanhildsage Bikki und entsprechend nennt Saxo ihn Bicco. Deshalb zwei ursprünglich verschiedene Figuren anzunehmen, ist bei der vollkommenen Identität der Rollen kaum angängig; wir werden uns bescheiden müssen, hier wie sonstwo anzuerkennen, daß der Norden eine deutsche Sagenfigur mit abweichendem Namen nennt, ohne daß uns der Grund deutlich ist; denn der Sifeca, der im Wídsíd neben Becca auftritt, scheint nach den überzeugenden Ausführungen von Binz (Beitr. z. Gesch. der deutschen Sprache und Literatur 20, 207 f.) einem andern Sagenkreise anzugehören. — Was nun den Ursprung dieser Gestalt anlangt, so hat man ihn gerne im Mythus gesucht; aber was im einzelnen dafür vorgebracht wird, kann vor keiner Kritik bestehen. Wir begnügen uns hier als Tatsache festzustellen, daß in der Gestalt Sibichs unzweifelhaft geschichtliche Elemente enthalten sind. In den Quedlinburger Annalen finden wir geradezu eine wohlbekannte historische Persönlichkeit in seiner Rolle, indem sie den Theoderich „auf Anstiften Odoakers" durch Ermanrich vertreiben lassen; im übrigen aber sind Erinnerungen an Narses in dem, was die Sage von Sibichs Taten und Verhältnissen erzählt, unverkennbar. Das Einzelne läßt sich ohne ein Eingehen auf die Dietrichsage nicht ausführen.

Eine besondere Erörterung verdiente auch, in welchem Verhältnis wohl die einzelnen Personen der Harlungensage ursprünglich zu einander gestanden haben. Es wäre hier vor allem gleich die Frage aufzuwerfen, ob Eckehard denn von Anfang an mit den Harlungen zusammengehöre? Wir sehen selbst in der späteren Überlieferung noch sein Verhältnis zu ihnen vielfach schwankend bestimmt und gerade in einem so zuverlässigen und überall vorzüglich orientierten Denkmal wie dem Biterolf keineswegs besonders enge; auch das älteste Zeugnis für die Harlungen, der angelsächsische Widsíd, nennt ihn neben den Jünglingen nicht (Heinzels Vermutung, Ostgot. Heldensage, S. 67, daß er in dem Eastgota stecke, der in der gleichen Zeile genannt wird, läßt sich nicht weiter begründen). Es wäre vielleicht nicht ausgeschlossen, daß an seiner Stelle ursprünglich Hâche gestanden hätte, dessen Name schon durch die Alliteration mit den Harlungen sich verbunden zeigt. In der Thidrekssaga erhält er, Aki genannt, Bruder des Erminrik und Þetmar und Vater der Harlungen Eggerd und Aki, den Titel Aurlungatrausti, während das Amt des Harlungentrosts dem Fritila gegeben wird. Der Biterolf kennt ihn neben Eckehard u. a. im Gefolge der Harlungen und macht ebenso wie der Wolfdietrich D den Eckehard zu seinem Sohn. Letzteres Gedicht und die Vorrede zum Heldenbuch erweitern den Stammbaum noch, indem sie den Hache für einen Sohn Berchtungs ausgeben.

Müllenhoff hatte dem Hache (Zeitschr. f. deutsches Altert. 12, 303) „landschaftlich lokalen Ursprung" zuweisen wollen, indem er seine Figur als aus dem Hachberg, der heutigen Hochburg bei Emmendingen, abstrahiert betrachtete. Aber das ist doch noch viel unwahrscheinlicher als die häufig ausgesprochene und durch die Sage in Suntheims Chronik (oben S. 63 f.) scheinbar bestätigte Vermutung, daß der Hachberg nach unserem Hache genannt sei (man müßte dann „Hachenberg" erwarten). Es steht vielmehr zu vermuten, daß auch Haches Gestalt und Name auf den Mythenkreis des wütenden Heeres zurückzuführen und wohl mit dem Hackelberend, Hackelberg, Hackelblock zusammenzubringen sei, wie gegenwärtig vorzüglich die niederdeutsche, ursprünglich aber anscheinend (Grimm, Mythologie[4] 770 A.) auch oberdeutsche Überlieferung den wilden Jäger benennt. Die Anknüpfung an Berhtung weist uns nach derselben Seite, da ja auch Berhtold und die Berchten im wütenden Heere fahren; vgl. Laistner a. a. O. 2, 415 f. Die Sage litt hier augenscheinlich unter einem Reichtum von Namen, für die innerhalb der Erzählung sich keine besonderen Rollen finden ließen; sie half sich daher durch genealogische Verbindung der überzähligen, ihrem Wesen und Tun nach gleichbedeutenden Figuren, eine Auskunft, die in der Sagengeschichte hundertmal sonst begegnet.

Nicht verhehlen darf ich nun freilich dem Leser, daß die im Texte vertretene Zurückführung der Harlungensage auf den Mythus vom wütenden Heer mit der allgemein geltenden Anschauung sich in Widerspruch befindet.

Müllenhoff hat in einem nachgelassenen Aufsatze über Frija und den Halsbandmythus (Zeitschr. f. deutsches Altertum 30, 217 ff.) die Harlungen mit den griechischen Dioskuren, den indischen Açvins identifiziert. Während sich nachprüfender Forschung bisher noch an allen Punkten, wo sie selbständig einsetzte, ergeben hat, daß der vielbewunderte und gewiß mit Geist und Scharfsinn aufgeführte Bau dieser großzügigen Abhandlung auf Sand gestellt ist, hat man an der dort gegebenen Auffassung der Harlungensage bis heute überall festgehalten. Mir scheint sie völlig verfehlt. Es besteht nirgends ein haltbarer Vergleichungspunkt zwischen den griechischen und indischen Götterzwillingen und unseren Harlungen, wie die im Texte gegebene Analyse des Wesens derselben verglichen etwa mit dem, was bei L. Roscher, Lexikon der griech. und röm. Mythologie 1, 1154 ff. über die Dioskuren, bei R. Oldenberg, Die Religion des Veda, Berlin 1894, disp. über die Açvins, bei L. Myriantheus, Die Açvins oder arischen Dioskuren, München 1876, über beide zusammengetragen ist, zur Genüge ergeben wird. Gelten der germanischen Überlieferung die Brüder doch nicht einmal als Zwillinge, so daß gelegentlich gar drei Harlungen (oben Anm. 11) erscheinen. Müllenhoffs Ausführungen zeigen auch in sich Unwahrscheinlichkeiten und Widersprüche. Sie werfen zudem ohne weiteres Harlungen- und Swanhildensage zusammen, die in der Überlieferung durchweg streng getrennt erscheinen. Der Boden ist Müllenhoffs Hypothese vollends entzogen durch die Tatsache, daß eine Beziehung der Harlungen zum Brisingamen, worauf doch die ganze Konstruktion sich gründet, durch nichts zu erweisen ist; vgl. darüber unten Anm. 135.

[115]) Urkundenbuch der Abtei St.-Gallen, hg. v. Wartmann, 1863, 1, 104, Nr. 110.

[116]) Ebd. 1, 186, Nr. 196; 1, 49, Nr. 49; 1, 187, Nr. 197; 1, 148, Nr. 156; 2, 61, Nr. 443.

[117]) MG., SS. 6, 185: Est autem in confinio Alsaciae castellum vocabulo Brisahc, de quo omnis adiacens pagus appellatur Brisahcgowe, quod fertur olim fuisse illorum, qui Harelungi dicebantur. Danach der Annalista Saxo ebd. S. 603: rex Brisacam castellum munitissimum obsedit . . . Est in confinio Alsacie, inde adiacens pagus Brisagowe appellatur; fertur olim illorum fuisse qui dicebantur Harlunge.

[118]) Monuments de l'histoire de l'ancien évêché de Bâle p. p. J. Trouillat, t. I., Porrentruy 1852, p. 275, Nr. 182.

[118a]) Ebd. Nr. 260, p. 399. Heinrich empfängt vom Bischof zu Lehen: medietatem montis Brysach . . . medietatemque montis qui dicitur Eggehartberc, und es wird weiter ausgemacht: In monte Eggehartberc uterque nostrum domum sibi faciet et milites ibidem mansuros unanimi recipiemus consensu.

[119]) Dietrichs Flucht, V. 2436: dô gap er Brîsache unde Beiern daz lant Diether dem wîgant. Wegen Baiern vgl. Heinzel, Ostgot. Heldensage (Wiener Sitzungsber. Hist.-philol. Kl. 119, 1889), S. 29 ff.

[120]) Ortnit und die Wolfdietriche, hg. v. Amelung und Jänicke, Deutsches Heldenbuch IV, 2, Berlin 1873, D IX, 212.

[121]) Alphards Tod Str. 306 ff., 465 f.

[122]) a. a. O., CXXIII, 391; CXIV, 105, heißt es von den Harlingen: «der was ouch diz land in Eilsas vnd in Prisgöwe». Der Umstand, daß neben dem Breisgau das Elsaß genannt wird, ist interessant, denn er deutet über den Ausgang des 12. Jahrhunderts zurück: damals erst vertrocknete der

rechte Arm des Rheins, der den Breisacher Berg auf der Ostseite umfloß, so daß die Stadt im frühen Mittelalter stets zum Elsaß gerechnet wurde (vgl. die Nachweise dafür bei W. Hertz, a. a. O., S. 216 f. und oben Anm. 117 die Stelle aus Ekkehard). — So konnte die Bearbeitung des Rosengartens in der Berliner Handschrift von 1533 den Eckehard zum Landgrafen im Elsaß machen (Zeitschrift für deutsches Altertum 11, 252), indem sie Hildebrand zu dem „Riesen“ Hagen sagen läßt: Ris, es wirdt noch pesser werden: Ich wais noch ain hellden auff Erden, Das sag ich dier zv diser fryst, Ein lantgraff im Elsass er ist; Im dienen Burg, Stett vnd weyte lanndt. Der getrew Eckhart ist ers genanndt.

[123]) Ebd. CXXIII, 396; vgl. CXIV, 104 der getruwe Eckhart von Brisach. Aus dem Heldenbuch hat wohl Mathias Burglechner (Anderer Theil des tirolischen Adlers 1620) geschöpft, der unter den „alten Rüsen vnd Regkhen“ auch den „Eccard von Preissach aus dem Geschlecht der Harlinge“ aufzählt (vgl. Zingerle in Pfeiffers Germania 2, 435).

[124]) Beati Rhenani Selestadensis Rerum Germanicarum Libri Tres, Basileae 1531, S. 94: Harlingi, quorum olim fuit Brisiacum, S. 146: Olim Montem Brisiacum Harelungi possidebant. Danach wohl Zeiller in der Topographia Alsatiae, Frankfurt 1644, S. 9.

[125]) Nämlich in seiner Erneuerung des alten Gedichtes vom Staufenberger (Ernewerte Beschreibung der Wolgedenckwürdigen Alten vnd warhafften verwunderlichen Geschicht vom Herren Petern von Staufenberg genant Diemringer u. s. w., Straßburg 1588, wieder abgedruckt in Joh. Fischarts Werken hg. v. Adolf Hauffen [Kürschners deutsche Nationalliteratur 18, 1], 1, 263 ff.) in dem von Fischart hinzugedichteten Prolog, V. 55: wollen wir wecken auff Inn Venusberg den schläffrigen Hauff, Den Tanhâuser vnd Sachssenheymer, Die doch darbei sind gute Reimer, Sampt jres Treuen Eckarts Zwerg, Der sie bei Brisach führt inn Berg? Bei Hermann von Sachsenheim wird der Venusberg keineswegs bei Breisach gesucht, s. oben S. 50. Fischart hat seinen Breisacher Venusberg, den er auch in seiner Bearbeitung von Bodins Daemonomania (Hertz a. a. O., S. 235), sonst aber niemand nennt oder kennt, wohl erst erfunden, indem er den ihm bekannten Breisacher Eckardsberg (der nie Venusberg heißt) mit dem Venusberge der „Möhrin“ verknüpfte, in den Eckehard und der ihn begleitende Zwerg den Sachsenheimer führen. „Venusberge gab es mehrere am Oberrhein“ wird Schreiber immer wieder (Hertz, a. a. O., Mathaei, Zeitschr. f. deutsches Altertum 43, 322) nachgeschrieben, aber gezeigt hat sie noch niemand. Ich kenne hier außer dem Uffhausener und diesem erfundenen Fischartischen keinen.

[126]) Martini Zeilleri Germania Nov-Antiqua, Das ist: Reyßbuch durch Hoch- und Nider-Teutschland, Straßburg 1674, 2, 204, von Brandenburg: „Von Mitternacht ist ein Berg mit Reben besetzt, der vor Zeiten Harlungus oder Harlunger Berg ist genant worden von den Harlungis, einem edlen Geschlecht auß dem Elsaß oder Brißgow, welches wie gedachter Angelus in der Märckischen Chronik, Lib. I, Fol. 25 schreibet, Carolus Magnus, nachdem er diese Stadt den Wenden entzogen, hieher gesetzt“. Zeillers Quelle vermag ich hier nicht nachzusehen.

[127]) Die Entwicklung kündigt sich schon im Biterolf an, wo das Land nicht nur «der Harlunge lant» (4594), sondern schon «Harlungelant» genannt wird (10164), ja die Brüder selbst als «die jungen künege hêre von den Harlungen» bezeichnet werden (10243).

[128]) Kosmographei, Basel 1544, S. CXLIX.

[129]) Joannis Thomæ Freigii Quæstiones Ἑωτιναὶ καὶ Δειλιναὶ seu Logicæ & Ethicæ. In Archigymnasio Friburgensi ad captum adolescentum prælectæ. Basileæ per Sebastianum Henricpetri. — Der Verfasser unterzeichnet seine Widmung an Erzherzog Ferdinand: Dat. Friburgi Harelungorum Anno Domini CIↃ. IↃ. LXXIV. — Ebenso das Jahr darauf unter der Vorrede zu seinem «Ciceronianus».

[129a]) Friburgum illud Harelungorum ueterum (in quorum locum Brisgoi, nomen à monte Brisiaco adepti) successerunt.

[130]) Saxo Grammatikus, hg. v. Müller und Velschow, 1, 413. Die Brüder sind apud Germaniam orti educatique; ebenda liegen ihre munitiones, die Jarmericus zerstört; Germaniam petens führt er den letzten Krieg gegen die Neffen. — Merkwürdig ist, daß auch der sagenkundige Verfasser des Biterolf nichts von der Lokalisierung der Harlungen gerade in Breisach gewußt zu haben scheint. Er nennt «der Harlunge lant» 4594, 10680 ohne genauere Bestimmung, kann aber kaum den Breisgau darunter verstanden haben. Die Harlungen führen nach ihm ihr Kontingent aufs Lechfeld, um sich dort mit Dietleibs Heer aus Hunnenland und den aus Italien kommenden Scharen Dietrichs von Bern, der Mailänder Fürsten und Ermanrichs zu vereinigen. Auf der Weiterfahrt nach Worms kommt das vereinigte Heer aber ganz nahe an Breisach vorbei, indem es durch Schwaben ausrückend südwärts von Hagenau «ze Elsâzen über Rîn» geht. Ebenso ziehen die Harlungen bei der Rückkehr von Worms wieder mit bis zum Gunzenlech, um dort erst sich von den übrigen zu trennen und in ihre Heimat zu ziehen. Das scheint selbst für mittelalterliche Verhältnisse ungereimt; der Verfasser des Biterolf aber ist ein realistischer Erzähler; wäre ihm Breisach als Heimat der Harlungen vor Augen gestanden, so hätte er sie wohl später erst zum Heere stoßen und anders heimkehren lassen.

[131]) So die Membrane, ein treborg A, ein turnborg B; in der altschwedischen Übersetzung fehlt der Name. Sie liegt am linken Rheinufer, da Fritila von Rom kommend den Fluß durchschwimmen muß und besteht aus Burg und Stadt (kastalinn oc stadrenn). Was die Sage darunter verstanden hat, ist ganz unsicher; vgl. Holthausen in den Beiträgen zur Gesch. der deutsch. Sprache u. Literatur 9, 474.

[132]) Die widersprechenden Angaben sammelt Holthausen a. a. O., S. 471 ff. Er möchte die Bemerkung in Kap. 9: borg er heitir Fritila, er Væringiar kalla Fridsalu (das ist eben Vercelli) als Interpolation wegdeuten und unter Fritila Feltre nördlich von Padua verstehen.

[133]) In Alphards Tod finden wir denselben Widerspruch wie in der Thidrekssaga: 74, 1 sitzt Eckehard bei Dietrich im «sal» zu Bern, während der zweite Teil des Gedichtes ihn in Breisach sucht. Auch die Gedichte vom Rosengarten denken den Eckehard in Bern und zwar mitsamt den Harlungen, die für den Fall seines Auszugs nach Worms der Uote, dem Amelolt oder Diether, em-

pfohlen werden A 100, 154; D 63; D[1] I, 48; F III, 13, 16. Dieselbe Auffassung liegt offenbar auch der Bearbeitung des Rosengartens in der Berliner Handschrift von 1533 zugrunde. Hier erklärt «der getrew Eckart» (Zeitschr. f. deutsches Altertum 11, 252), er wolle den Kampf mit dem Riesen Hagen gerne auf sich nehmen Von wegen meins herrn von Bern, Der mich mit grossen Ern Zw Monhaytt getzogen hat. — In Dietrichs Flucht 4682 ff. erscheint Eckehard seltsamerweise in Begleitung der Helche, als Dietrich zu ihr kommt (ein Versuch zur Erklärung bei Mathaei, Zeitschr. f. deutsches Altertum 43, 329 f.). Nach der siegreichen Schlacht aber übergibt ihm der Berner, während er selbst wieder zu den Hunnen geht, die Burg Garte (d. h. Garda) zur Hut V. 10117 f.

[134]) K. Simrock, Handbuch der deutsch. Mythologie, 5. Aufl., Bonn 1878, S. 393, wollte geradezu den Namen des Brisinga men vom mons Brisiacus ableiten und als „Halsband der Breisacher" deuten.

[135]) Es liegen dieser Hypothese folgende Tatsachen zugrunde:

1. Im Beowulf V. 1197 ff. lesen wir gelegentlich der reichen Beschenkung des Helden durch Hrodgar:

Nǽnigne ic under swegle	sêlran hýrde
hord-mâđđum hæleþa,	syþđan Hâma ætwæg
tô þǽre byrhtan byrig	Brosinga mene,
sigle ond sinc-fæt;	searo-nîđas fealh
Eormenrices,	geceás êcne rǽd.

Die Stelle spottet bisher jeder genauen Erklärung, indem das Abenteuer, auf das sie anspielt, nirgends sonst bezeugt ist. Den für unsere Hypothese günstigsten Fall genommen, besagt sie vielleicht, daß Hâma, d. i. der Heima der deutschen Sage, dem Eormenric, d. i. Ermenrich, das Brosinga mene entführt hat. Vgl. darüber bes. Bugge, PBB. 12, 69 ff.

2. Dies Brosinga mene muß zusammengehalten werden mit dem Brisingamen der nordischen Überlieferung. Letzteres ist ein Halsschmuck der Freyja, den Loki der Göttin gestohlen, Heimdall aber nach einem Kampfe mit Loki bei Singasteinn zurückgebracht hat.

3. Dem Ermanrich wird in deutscher Überlieferung wie bei Saxo ein großer Schatz zugeschrieben. Nach Dietrichs Flucht V. 7857 befindet sich darin auch „der Harlunge Gold".

Aus diesen drei Tatsachen kombiniert man unsere Hypothese durch folgende Schlußfolgerung: Da Hama dem Eormanrik das Brosingamene entführt, so war es in Eormanriks Besitz, aber er hatte es sich widerrechtlich angeeignet. Dies Brosinga mene ist nämlich «der Harlunge golt», von dem Dietrichs Flucht spricht; denn es ist zugleich der Halsschmuck der Freyja, zu der die Harlungen von altersher in Beziehungen stehen müssen, weil Eckehard in der späteren Überlieferung als Begleiter der Frau Holle erscheint. Von dieser ganzen Schlußfolgerung kann aber kein Punkt auch nur auf Wahrscheinlichkeit Anspruch erheben, mit Ausnahme der Identifizierung von Brosinga mene und Brisinga men, die in der Tat zusammenhängen müssen. Freilich sehen wir nur die Identität des Namens; wie das Abenteuer Hamas aber mit dem Berichte der nordischen Überlieferung zusammenhängen könne, ist vollkommen dunkel. Man setzt Hama = Heimdall, Loki = Sibich; Bugge a. a. O. hält die nordische Göttersage vom Brisingamen für eine sekundäre Umbildung der durch angelsächsische Vermittlung aus Deutschland eingeführten Heldensage, nach der das Brisingamen, d. h. der Halsschmuck der Breisacher, d. i. der Harlungen, diesen von Sibich geraubt wurde; Müllenhoff hingegen hält den göttlich-mythischen Charakter für den ursprünglichen. Aber die Beziehung des Brisinga men auf die Harlungen hat in der Überlieferung nicht die geringste Stütze. Von dem Golde der Harlungen ist außer der Stelle in Dietrichs Flucht nirgends die Rede, die Formulierung dort beweist zudem, daß ihr Verfasser von einem besonderen Kleinod der Harlungen nichts gewußt haben kann. Sehr wohl kann die Angabe seine Erfindung sein, indem er an jener Stelle den (sagenechten und sonst bezeugten) Schatz des Ermanrich definiert und sich erklärt als aus dem Golde der Harlungen und dem Schatze Dietmars bestehend, der so wenig wie jenes irgendwo sonst bezeugt ist. Der Verfasser dieses Gedichtes verfolgt den Ermanrich durchweg mit leidenschaftlichem Haß; kein Wunder, daß er auch seinen Schatz als zusammengestohlen bezeichnet und die beiden Gelegenheiten, bei denen er so zusammenkommen konnte, waren eben die hier erwähnten: die Vertreibung Dietrichs und die Tötung der Harlungen. Man sieht also, daß die Beziehung des Brisingamen auf die Harlungen aus gänzlich haltlosen Kombinationen erwachsen ist.

[136]) Die Lokalisierung in Pöchlarn, nur im 9. Jahrhundert bezeugt, muß früh verschollen sein.

[137]) Vgl. darüber W. Wackernagel, Zeitschr. f. deutsches Altertum 6, 157 ff.; L. Uhland, Schriften zur Geschichte der Dichtung und Sage, 8, 349 ff.

[138]) Rerum Boicarum Scriptores ed. A. F. Oefelius II., Aug. Vind. 1763, 587 b; Uhland a. a. O., S. 353 f.

[139]) Dietrichs Flucht, V. 555 ff., 8637.

[140]) Rabenschlacht, Str. 716: Von Salnicke her Berhtram den bestuont ein recke guot, den ich genennen vil wol kan: Sigehêr hiez der hôchgemuot; er was von Zæringen.

[141]) Biterolf 5079, 6251 von Elsâzen grâve Berhtolt. Er kämpft gegen Hawart und heißt da: der fürste Berhtolt von der Swâbe lande 7736, von Swâben Berhtolt 10307, der Swâbe herre Berhtolt 10769.

Zeitfracht Medien GmbH
Ferdinand-Jühlke-Straße 7
99095 Erfurt, Deutschland
produktsicherheit@kolibri360.de